문기주의 경제 이야기

Economic Column

문기주의
경제 이야기

초판 1쇄 인쇄_ 2020년 08월 15일 | **초판 1쇄 발행_** 2020년 08월 20일
지은이_문기주 | 펴낸이_오광수 외 1인 | **펴낸곳_**새론북스
디자인·편집_윤영화
주소_서울시 용산구 한강대로 76길 11-12 5층 501호
전화_02)3275-1339 | **팩스_**02)3275-1340 | **출판등록_**제2016-000037호
E-mail_ jinsungok@empal.com
ISBN_978-89-93536-61-4 03320
※ 책 값은 뒤표지에 있습니다.
※ 꿈과희망는 도서출판 새론북스의 계열사입니다.
ⓒPrinted in Korea. | ※ 잘못된 책은 바꾸어 드립니다.

Economic Column

문기주의
경제 이야기

문기주 지음

새론북스

머리말

2019년 12월 중국 우한에서 처음 발생한 이후 중국 전역과 전 세계로 확산되어 현재까지 전 세계를 공포에 몰아넣고 있는 코로나바이러스에 의한 호흡기 감염질환인 '코로나19'는 일상생활을 바꿔놓고 있음은 물론 세계 경제를 뒤흔들고 있다.

세계가 백신 개발에 나서고 있지만 백신 개발까지 긴 시간이 필요한만큼 그 기간 동안 다방면으로 코로나19가 확산되는 것을 막고 감염된환자를 최선의 방법으로 치료하는 데 총력을 집중하고 있다.

그러나 우리나라 경제뿐만 아니라 세계 경제는 급속도로 불확실한상황 속으로 빠져 들어가고 있다. 자유롭게 왕래하던 세계는 폐쇄적인세계로 급변하고 조금씩 문을 열고 있지만 코로나19 이전과 같은 자유로운 왕래는 언제 이루어질지 아무도 예측할 수 없는 상황이다.

그러다 보니 세계 자유무역이 삐그덕거리고 제품은 공장에 쌓여가

고 문을 닫는 기업은 늘어나고, 다수의 사람들이 모이는 곳은 코로나19에 걸릴 위험이 있기 때문에 영업이 위축되어 자영업자들도 버텨내기가 힘든 상황에 몰리고 있다.

개인뿐만 아니라 청년실업자, 일자리가 사라진 프리랜서, 소상공인 자영업자, 기업 등 너나할 것 없이 코로나19가 몰고 온 전대미문의 경제 위기 상황에 놓여 있는 것이다.

그러나 그 어떤 어려움이 있는 경제 상황이라 하더라도 충분히 이겨낼 수 있음을 잊지 말아야 한다.

전쟁으로 멸망 위기에 놓였을 때도 극복한 것을 우리는 역사 속에서 많이 찾을 수 있다. 코로나19와 싸우고 있는 의료진과 간호사, 효율적인 대응을 위해 기발한 아이디어로 만들어낸 코로나19 관련 제품들,

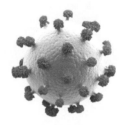

중소기업을 지원하는 대기업의 상상협력, 그리고 코로나19에도 서로 격려하며 힘든 시간을 함께 이겨내고 있는 우리 모두는 서로에게 희망의 끈을 놓지 않게 하고 있다.

　한번도 경험해보지 않은 코로나19 이후의 경제는 공포에 머물지 않고 새로운 형태의 희망을 만들어내는 과정이다. 세계는 또 한 번의 위기를 경험한다고 우려하고 있지만 우리는 또 한 번의 기회로 삼고 앞으로 나아갈 것이다.

Contents

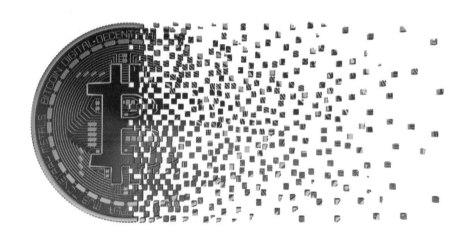

문기주의
경제칼럼

1
Column

각별한 '재난기본소득'
적극 환영

― 이재명 지사 '재난기본소득' 시기 적절

이재명 경기도지사는 지난 3월 24일 모든 도민 1,326만 명에게 1인당 10만 원을 지급하겠다고 경기도형 재난기본소득 지급 계획을 발표했다. 소득과 연령에 상관없이 모두에게 지급해 4인 가족의 경우 총 40만 원을 지역 화폐로 받는다. 이에 경기도 내 자치단체장들이 대환영하면서 적극 동참하고 있어 안도감을 갖게 한다. 광명시, 여주시, 이천시 등은 플러스알파 정책을 연신 내놓은 모양새다. 또한 군포·안양·양평·의왕·평택·화성·시흥·고양 등도 보조를 맞추고 있다.

3월 25일 이항진 여주시장은 "소득과 나이에 관계없이 전 시민을 대상으로 여주시 재난기본소득 10만 원을 추가 지급하겠다."고 발표했다. 이에 여주 시민은 1인당 20만 원의 재난기본소득을 지역 화폐로 수령하게 된다. 같은 날 박승원 광명시장도 "모든 시민에게 1인당

긴급재난기금

5만 원의 재난기본소득을 지급하겠다."고 밝힌다. 이에 광명시민 역시 경기도 지원액 10만 원에 더해 1인당 15만 원의 재난기본소득을 지역화폐로 지급받게 된다. 26일 이천시 엄태준 시장은 15만 원을 재난기본소득으로 지급하기로 했다. 따라서 이천 시민은 1인당 총 25만 원의 재난기본소득을 지역화폐로 받게 된다.

반면 철회했지만 장덕천 부천시장은 사견이라며 경기도의 재난기본소득 지급에 반대 의견을 내놓아 거센 비판 여론을 불러일으켰다. "소득과 연령에 상관없이 모든 도민에게 10만 원씩 재난기본소득을 지급하겠다는 방침보다는 어려움을 겪는 소상공인 2만여 명에게 400만 원씩 7는 게 효율이 그다."며 '진밀 시민'을 푸정했다. 깅빅신 부천시장이 이틀 만에 입장을 바꾸면서 논란이 일단락되자, 부천시를 제외하고 재난기본소득 지급을 검토한 이재명 지사는 '함께 가겠다.' 라고 화해의 손길을 내밀었다.

— **경기도가 첫 포문을 연 것은 아니지만**

서울특별시에 이어 제2의 경제권을 형성하고 있는 경기도가 재난 기본소득의 첫 이행자가 아니라는 점을 유념해야 할 필요가 있다. 한국에서 재난기본소득 지급을 첫 공론화한 장본인인 이재웅 쏘카 대표는 지난 2월 20일 "생존 위기에 직면한 소상공인, 프리랜서, 비정규직, 학생, 실업자 1,000만 명에게 50만 원씩 주자."고 제안했다.

공론화와 전폭 합의가 쉽지 않은 한국의 정치 지형 때문에 중앙정부보다는 자치단체가 앞장서고 있다. 전북 전주시가 일선으로 포문을 열었다. 재난기본소득을 지급한 곳은 전국 지방자치단체 가운데 처음이다. 전주시는 1인당 50만 원으로 지원금을 책정했지만, 지난 3월 13일 전주시 의회는 국민기초생활보장법 규정에 따라 2만7,158원이 늘어난 52만7,158원으로 증액 지급했다.

이어 3월 18일 서울시 박원순 서울시장은 "국가적 위기 상황을 극복하고 지역경제를 활성화하기 위해 '재난 긴급생활비 지원 대책'을 확정해 시행한다."고 과감하게 밝혔다. 지원 대상은 기존 지원제도의 사각지대에 놓인 저소득층 근로자, 영세 자영업자, 비전형 근로자(아르바이트생, 프리랜서, 건설직 일용근로자) 등 중위소득 100% 이하 가구다.

물론 한국만 재난기본소득 지급에 앞장서고 있지 않다. 도널드 트럼프 미국 대통령은 지난 3월 17일 국민 1인당 1,000달러(약 124만 원)를 지급하는 경기부양책을 추진한다고 긴급 발표했다. 이는 1조2,000억 달러(약 1,486조 원)에 달하는 초매머드 대재앙 타개 뉴딜 부양책인 셈이다. 이전에도 미 행정부는 2001년과 글로벌 금융위기(2007~2009년) 때 두 차례 성인 1인당 300~600달러를 지급한 바 있다.

─ '재난 기본소득' 절대 포퓰리즘 아니다

미증유 글로벌 대재앙에서 국내외의 신속한 대비책들은 기본소득의 개념에서 토대를 이루고 있는 것이다. '기본소득(Basic Income)'이란 재산이나 소득, 고용 여부, 노동 의지 등과 무관하게 정부 재정으로 모든 국민에게 동일하게 최소 생활비를 지급하는 제도다. 기본소득에 대한 공론화는 글로벌 경제 성장의 둔화와 인구 고령화, 4차 산업혁명으로 인한 노동환경 변화 등이 동시에 맞물리면서 본격화됐다. 실업자와 취약계층이 늘어나고 사회 불평등이 확대되므로 기존 복지 제도로는 해결이 어려워졌기 때문이다.

특정 취약 계층을 대상으로 한 복지 차원에서 제공하는 것과의 차

이점은 '모든 국민'에게 소득의 높고 낮음에 관계없이 동일한 액수를 지급한다는 점이다. 그리고 지금 일시적으로 지급되는 '재난기본소득'은 엄격하게 말하자면 보편성, 지속성을 특징으로 하는 기본소득과는 성격이 다르다. 코로나19로 촉발된 재난소득 논쟁은 오히려 위축된 소비를 살리고 취약계층을 보호하려고 한시적으로 지원하는 긴급구호자금에 가깝다. 이처럼 코로나19 피해를 극복하기 위해 국민에게 현금을 나눠주자는 '재난기본소득' 논의가 활발하다. 전 국민에게 고루 지급하자는 주장과 피해가 큰 쪽을 선별해 지원하자는 주장이 팽팽히 맞서고 있다.

국내 최대의 경제단체인 전국경제인연합회(전경련)는 "실제 경제효과가 없을 수 있고 국가 재정이 더욱 악화될 것"이라는 반대 입장을 밝힌다. 권태신 전경련 부회장은 지난 3월 25일 "미래가 불안한 상황에서 모든 사람에게 돈을 준다고 곧바로 소비하지는 않을 것"이라는 입장을 견지한다. 모두에게 지급하는 재난기본소득보다 갑자기 소득이 줄어든 기업과 가계에 한정해 지원하는 것이 효과적이라는 주장이다.

"정부의 지원금은 정말 필요한 사람한테 꼭 필요한 곳에 지원을 해줘야 하는 기본원칙이 지켜져야 하기에 '선별적, 현미경식 핀셋 지원'이 이뤄져야 한다."는 것이 논점의 핵심이다. 부언하면, "소비를 진작시키기 위해서는 이번 코로나19로 피해를 입은 업종이나 지역에 한정해 유동성을 공급하는 것이 유인효과가 크다는 것"이다.

─ 대과제 '재정건전성 악화' 불가피

정부는 제2차 추경으로 자치단체의 재난기본소득을 보전하여 주겠다는 입장을 밝혔지만, 국가의 부채가 증가하는 것은 피할 수 없는 일이다. 기획재정부가 재난기본소득에 동의하면서도 난색을 보이는 것은 재정건전성에 대한 우려 때문이다. 적자국채 발행을 통해 자금을 충당한다면 국내총생산(GDP) 대비 국가채무 비율이 급격히 올라갈 수밖에 없다. 국가의 재정 안전성에 균열을 가할 수는 있지만, 실기하면 더 큰 어려움에 직면하게 될 것은 자명한 일이다.

제2차 세계대전 이후 글로벌적 미증유 초유의 대위기 상황에서 '기본재난소득' 지급은 여야 정치권은 물론 경제계 등 이견표출은 있을 수 있겠으나 단호하며 신속하게 이행되어야 한다. 코로나19에 대한 공포로 실물과 금융의 복합위기, 퍼펙트 스톰의 한가운데서 우리 경제가 백척간두에 놓여 있다.

현재 국내외의 보수·진보 경제학자들은 너나할 것 없이 일시적인 재난기본소득에 찬성하는 분위기다. 그리고 전 세계적으로 한국만이 유일하게 재난기본소득 지급 제도를 실행에 옮기고 있는 것은 분명 아니다. 또한 총선을 앞두고 집권당에 유리하게 작용할 수 있다는 시각에서 과감하게 탈피하여야 한다. 경제의 대동맥과 모세혈관이 선순환하려면, 고사 상태의 소상공인을 위한 특단의 지원책에도 심혈을 기울여야 할 것을 거듭 당부드리고 싶다. 글로벌 대재앙에서 물고기를 잡아 손에 쥐어주는 것과 물고기를 잡는 방법을 제공하여 주는 입체 전략을 기민하게 구사해야 한다.

2 Column

코로나19
'소상공인 자영업자'
총력지원을

— 절체절명의 위기에 직면한 자영업자

통계청이 발표한 2018년 우리나라 전체 자영업자 수는 약 563만 명으로 해외 주요국과 비교해 전체 취업자 대비 매우 높은 수준이다. 최근 5년간 우리나라 자영업자 비중은 25.1%로 OECD 평균인 15.3% 보다 약 10% 높다. 한국은 2018년 통계가 집계한 OECD 회원국 가운데 그리스(33.5%), 터키(32.0%), 멕시코(31.6%), 칠레(27.1%)에 이어 다섯 번째로 자영업자가 많았다. 첨언하면, OECD 기준 자영업자는 우리나라 기준 자영업자에다가 무급가족종사자까지 더한 '비임금 근로자의 비율'을 기준으로 한다.

특히 우리나라의 경우, 임금 근로자와 자영업자간 소득 격차가 확대되고 도소매·숙박음식업 등을 중심으로 고용자 수도 지속 감소하는 등 자영업자의 소득과 일자리 여건은 악화되었다. 또한 내수부진, 경쟁

심화 등으로 매출 증가는 부진한데, 임차료·인건비·대출이자·수수료 등 대부분의 경영상 비용 부담이 가파르게 증가 추세이다.

더욱이 올해 들어 전 세계를 강타한 신종 코로나 바이러스 사태로 자영업자들이 녹다운 위기에 직면하여 무척 안타까움을 자아낸다. 경기 부진과 인건비·임대료 상승 등으로 이미 절벽으로 몰린 상황에서 코로나19라는 초강풍을 맞은 셈이다. 관광·여행·여가 활동이 급격히 위축되고 각종 행사 취소가 잇따른 가운데, 일반인들의 정상적인 경제 활동까지 위축되면서 자영업자들이 심각한 타격을 입고 있은 것이다.

외식업·재래시장·일반 상가 등을 가리지 않고 손님이 줄어, 적게는 50%, 많게는 90% 가까이 매출이 감소했다는 게 현장의 목소리이다. 소상공인연합회가 조사한 '코로나19 사태 관련 소상공인 2차 실태조사'에서도 매출 감소가 나타났다는 응답이 무려 97.6%에 육박했다.

확진자와 동일 공간에서 식사를 하면 전염될 수 있다는 극도의 불안감, 어떤 곳에 누가 확진자인지 알 수 없다는 불확실성은 사람들의 소비 심리를 한층 위축시켰다. 자녀 양육비부터 보험료 등을 비롯한 최소 생활비 지출을 감당하기도 어려워졌다. 이런 사태가 언제 끝날지 종잡을 수 없기 때문에 블랙홀 그 자체이다. 설상가상으로 코로나19 사태 이후 모바일 거래가 한층 활성화되고, 무인점포가 보편화하는 등 소비 습관과 유통 방식도 비대면 중심으로 재편되고 있어 자영업자들은 더 큰 어려움에 맞닥뜨릴 것은 자명하다.

— 대통령의 진두지휘 '한층 박차 가해야'

문재인 대통령이 3월 19일 코로나19로 인한 경제위기 극복을 위한 비상경제회의 첫 대책으로 중소기업, 소상공인, 자영업자를 위한 '50조 원 규모의 특단의 비상금융조치'를 시행한다고 밝힌 만큼, 그 효과가 지체 없이 적기에 구현되길 바란다.

우선 소상공인 긴급경영자금 신규지원이 12조 원 규모로 확대됐다. 취급 기관도 시중은행으로 확대해 은행 어디에서나 1.5% 수준의 초저금리로 이용할 수 있게 됐다. 코로나19로 생계가 위협받고 있으나 저신용등급 때문에 정책자금 대출을 받지 못하거나 대출까지 긴 시간이 소요되는 소상공인에게 정부는 1천만 원 이하의 단기자금을 간편한 절차로 대출해주기로 한 것이다.

서울특별시 다음으로 경제 규모가 큰 부산시는 코로나19 사태 장기화로 소상공인 등의 피해가 증가함에 따라 지난 3월 24일 2단계 민생지원 대책을 발표했다. 지난 3월 9일 발표한 임대료 등 소상공인 3대 부담 경감대책에 이은 2단계 소상공인 및 영세자영업자 지원 대책이다. 2단계 지원책의 핵심은 연매출액 3억 원 이하 소상공인 18만5,600명에게 1회 100만 원씩 총 1,856억 원을 지급하는 것이다.

부산시는 3단계 대책으로 고용 사각지대 해소를 위해 무급휴직 근로자, 특수형태근로종사자와 프리랜서 같은 고용 취약계층에게 156억 원의 지원금을 지급하는 방안을 추가 검토하고 있는 것으로 전해진다. 또 중소기업, 소상공인에 대한 5.5조 원 규모의 특례보증지원과 전 금융권에서 중소기업, 소상공인에 대한 대출금 이자 납부 유예도 시행된다.

포퓰리즘이라는 일부 여론의 역풍을 맞으면서도 대통령의 일사불란한 추진력이 코로나19 대위기를 타개하는데 있어 '끄는 힘'의 한 축이라면, 또 다른 한 축인 적극 호응하는 '미는 힘'이 동시에 시행되어야 하

는 것은 불문가지이다. 바로 그중의 하나가 건물임대료 인하운동이다.

— '착한 임대료 인하운동' 더욱 활성화를

코로나19로 어려움을 겪고 있는 세입자의 임대료를 감면해주는 건물주, 일명 '착한 임대인'이 확산되고 있어 절망에 빠진 소상공인에게 큰 힘이 되고 있는 것에 경제인의 한사람으로서 격려를 보내지 않을 수 없다.

자발적인 임대료 인하 움직임은 지난 2월 12일 전주 한옥마을에서 3개월 넘게 임대료를 10% 이상 내려 자영업자의 경제활동을 돕겠다고 밝힌 게 시발점이다. 서울 남대문시장은 전체 5,493곳 가운데 1,851개 점포 임대인이 임대료를 인하·동결했다. 부산에선 건설자재업체 미륭레미콘이 소상공인 20여 명이 입주한 중구·동래구 회사 건물 임대료를 50% 내리기로 했다.

이런 '민'의 움직임에 앞서 '관'도 수수방관만 하고 있는 것은 아니다. 국가가 직접 소유한 재산에 대해서는 올해 말까지 임대료를 현재의 3분의 1로 내린다. 공공기관 임대료도 내린다. 코레일·LH·인천공항공사를 비롯해 임대 시설을 운영하는 공공기관 103곳 모두가 임대료 인하에 동참한다.

이에 화답하여 정부는 임대료를 내린 건물주에게 내린 임대료의 절반만큼 세금을 깎아주기로 한 것은 매우 시기적절한 조처이다. 정부는 "올 상반기 6개월 동안 소상공인에 해당하는 임차인의 임대료를 경감하는 임대인에 대해 소득, 인하 금액과 관계없이 임대료 인하분의 50%를 소득세·법인세에서 감면하겠다."는 입장이다.

— **지원 대책, 신속하게 적기에 이루어져야**

전문가들은 급격한 최저임금 상승, 경기 침체 등이 맞물리면서 자영업자의 삶이 갈수록 피폐해지고 있다고 분석한다. 제조업 붕괴 등의 여파로 일자리를 잃은 가장들이 창업전선에 뛰어들면서 자영업자 간 경쟁은 갈수록 심해지고 있다. 소상공인이나 자영업자들이 몰락하면 서민들의 안정된 일자리가 사라지고 대신에 대형마트나 기업형 슈퍼가 고용하는 저임의 비정규직만 늘어날 뿐이다. 2019년 국정감사 기간 중 국회에 제출된 '자영업자 업종별 현황'에 따르면, 2018년 폐업한 전체 자영업자는 58만 6,209곳에 이르렀으며, 2016년 기준 창업 이후 5년 생존율 역시 28.5%에 불과해 30%에도 채 미치지 못하는 것으로 나타났다.

이런 절박한 상황에서 '중소기업 소상공인'에 대한 과감한 지원 대책이 필요하다. 긴급 경영자금 지원, 초저금리 대출 확대 등을 망라해 추경에 반영돼야 한다. 또한 대출 심사 기준과 절차도 대폭 간소화해 적기에 도움이 되도록 관리에 최선을 다해야 한다. 영세자영업자의 인건비 부담완화, 임대료 인센티브 등의 정책도 필요하다. 그리고 경영안정자금 공급·매출채권보험 확대 등 민관 공동의 중소기업 경영 안정화 지원 추진, 소상공인 금융지원 및 코로라19 피해점포 정상화 프로그램 지원 등 소상공인 경영 안정화 지원에 한층 박차를 가해야 한다.

현재의 코로나19 정국에서 이들에 대한 재정지원이 선제적으로 신속하게 실현되려면 현장 메커니즘이 제대로 작동해야 효율성이 극대화된다. 불확실성이 증대될수록 현장의 소통 강화가 필수적이다. 이들이 제반 정책결정에서 목소리를 낼 수 있는 통로를 다양하게 구축해야 한다.

3 Column

코로나19 사각지대
'장애인의 비애'

— **이달 20일은 장애인의 날 40주년…**

올해 4월 20일 장애인의 날은 40주년을 맞이하게 된다. 보건복지부가 발표한 2018년 말 기준 전국에 1~6급 해당자 등록장애인 수는 258만5,000여 명에 달한다. 1981년 심신장애자복지법(현 장애인복지법)을 제정, 시행해 오면서 4월 20일부터 1주간을 장애인 주간으로 설정하여 지키고 있다. 1981년에는 장애인을 시각장애, 청각장애, 언어장애, 지체장애, 정신장애 등 5가지 영역으로 분류하였다.

2000년 1월부터는 장애 범주가 뇌병변장애, 발달장애(자폐), 정신장애, 심장장애, 신장장애가 추가되었다. 2003년 7월부터는 안면기형, 간질장애, 장루장애, 호흡기장애, 간장애가 장애 유형에 포함되어 장애인 대상 인구가 급격히 늘어났다.

1988년 서울올림픽 때에는 장애자올림픽(paralympic games)을 동반

개최하였다. 장애자올림픽을 계기로 장애인에 대한 인식 개선과 인권보장의 의미에서 장애자(障碍者)를 장애인(障碍人)으로 명칭을 바꾸어 달라는 장애인 관련단체의 주장으로 1987년 3월 27일 '심신장애자복지법'이 '장애인복지법'으로 바뀌면서 명칭을 변경하게 되었다.

그렇다면 중년 불혹의 연륜에 접어든 2020년 장애인의 위상은 어느 수준에 와 있는지 자문하지 않을 수 없다. 여기에 바로 대두되는 것은 장애인의 인권이다. 장애인 인권은 장애인이 비장애인과 동등한 대우를 받기 위한, 인권의 기본 개념이다.

장애인도 인간의 존엄성을 지니고 있으므로 기본적인 권리를 주장하고 정당한 대우를 받을 수 있어야 한다. 하지만 건강권, 거주이주권, 접근권, 생활권, 노동권, 교육권, 이동권 및 보행권, 보육권, 문화향유권, 선거권 등 기본적인 권리들이 제대로 대우 받지 못하고 있는 것이 현실이다. 더욱이 지난해 12월부터 몰아친 코로나19 정국은 장애인의 고달픈 삶을 사각지대로 내몰리게 하면서 절망과 비애를 절감하게 하는 심각한 국면에 직면하여 있다.

— **우려가 현실로… 세심한 지원 필요**

코로나19 사태가 우리의 일상을 뒤바꾸어 놓고 있다. 장애인의 특성상 코로나19 대응방안에 있어 좀 더 세심한 지원이 필요한데 이에 대한 효율적 대책이 없는 상황에서 여러가지 우려했던 일들이 현실로 나타나고 있다. 장애인은 코로나19에 의해 일상적 삶이 가장 심한 고위험군으로 실존적 불안을 느낄 수밖에 없는 존재이다. 장애인이 겪는 불안감과 현실적 상실감은 엄청나다고 말할 수 있다. 코로나19 그

자체의 두려움 못지않게 먹고 입는 걱정도 만만찮다. 지금 장애인의 삶은 코로나19 공포에 생활자체의 어려움까지, 말 그대로 고난의 '이중고'와 싸울 수밖에 없다.

코로나19의 전파를 막기 위한 '자가격리와 사회적 거리두기'가 장애인들에게는 매우 버겁기만 하다. 중국에서는 가족이 코로나19 확진자로 격리되면서 혼자 남은 장애인이 방치돼 사망한 사건이 있었다. 대구에서는 1명의 발달장애인이 양성 판정을 받아 자가격리 통보를 받았고 이 장애인을 지원하는 활동지원사가 확진자가 되면서 장애인 자가격리자가 13명이 발생하였다. 이들의 경우 하루 4~5시간씩 활동지원을 받다가 자가격리가 되면 활동지원사가 발길을 끊어 끼니 챙겨 먹는 것조차 쉽지 않았을 것이다. 더욱이 일부 중증장애인은 활동지원사 없이 홀로 자가격리되기도 했다.

전국적으로 복지관 등 장애인이용시설에 대해 중앙재난안전대책본부는 휴관을 권고하였다. 이에 코로나19 확산 예방차원에서 지역복지관이 모두 문을 닫으면서 장애인의 케어는 온전히 가족의 부담으로 돌아오고 있다. 실제로 현재 장애인자립생활센터에 확진자가 나오면서 자가격리에 들어간 후, 활동지원사 없이 홀로 지내는 경우가 속출하고 있다. 특히 독거 장애인이 자가격리자가 될 경우 생활전반에 대한 지원없이 이들이 2주간의 자가격리 기간을 버티는 것은 매우 힘든 게 현실이다.

기저질환이 있는 고위험군을 대부분 만성 폐질환, 고혈압, 당뇨, 천식, 신부전, 결핵, 간질환으로 보는데, 이 중에도 고혈압, 당뇨의 최종 손상되는 부위는 신장이므로 신장장애인도 고위험군에 속한다. 신장

장애인은 평균 주 3회 혈액투석이나 복막투석을 받아야 일상적인 생활이 가능하다. 투석이 중단되면 몸 속 노폐물을 걸러내지 못해 생명까지 위협받게 되는데, 신장장애인은 코로나19 의심환자가 되어 자가격리 대상자가 되면 격리 기간 동안에 치료를 받는다는 것은 매우 지난한 일이다.

또한 마스크 대란 타개책과 관련해서는 우체국 등 공공기관에서 국민에게 마스크를 제공하고 있지만, 이동이 불편한 장애인들에게는 '그림의 떡'일 수밖에 없다. 누군가의 도움이 없으면 외부출입을 할 수 없는 보행 장애인들이 마스크를 구하러 나갈 때 느끼는 애타고 불편한 마음은 이루 말할 수 없을 정도이다. 그리고 청각장애인들이 사용하는 수어(수화언어)는 몸짓이나 손짓, 표정이나 입술의 움직임을 종합해 표현하는 의사 전달 방법이다. 마스크 쓰기가 생활화된 지금 청각장애인들이 의사전달에 어려움을 겪고 있다는 기사들이 수차례 보도되고 있다.

시각과 청각에 모두 장애가 있는 시청각 장애인들은 긴급재난 문자를 읽을 수 없다. 정부 브리핑 내용도 전혀 알 수 없다. 특히 시청각 장애인은 지금과 같이 모두가 타인과의 접촉을 피하는 비상상황에서는 더욱 소외된다. 온라인 강의에 대한 지원이 미흡하다는 지적도 확인됐다. 특히 원격수업이나 온라인 학습이 활성화되고 있는 대학의 경우 비용을 빌미로 수어통역이나 자막 서비스 등이 거의 제공되지 않는 것으로 나타났다.

지난 3월 4일에 개정된 '감염병 예방 및 관리에 관한 법률'은 감염 취약계층은 노인과 어린이를 중점적으로 다루고 있다. 그러나 장애인의 경우 장애별로 특수한 상황별로 지원 방법 역시 다 달라야 하지만 이에 대한 논의나 가이드라인은 전무한 실정이다. 코로나19 사태로 어려움을 겪고 있는 장애인 등 취약계층에 대한 대책 수립이 한층 절실한 시점에 있다.

— 이젠 실효성 높은 실질적 대책을

장애인 등 소외계층의 우선적인 의료서비스 마련과 국가차원의 적절한 대응책이 조속히 마련되어야 한다.

발달장애인이 확진자가 되어 병원에 입원하는 경우 이들에게는 의료서비스 뿐만 아니라 일상생활 전반에 걸친 지원이 필요한데, 이들을 지원해줄 수 있는 체계는 매우 빈약한 실정이다. 중증장애인 확진자 우선 입원조치 물론 장애인 접근성이 갖추어진 병원과 생활치료센터 확충, 중증장애인 지원인력 갖춰진 지정 병원 확충, 장애인 확진자 입원 시 의료인력이 활용할 수 있는 맞춤 매뉴얼 수립 등이 절실하다. 특히 신장 장애인이 의심환자가 되어 자가격리 대상자가 될 경우 혈액투석 등 안전하게 이용 가능한 격리병원을 신속하게 지정해야 한다.

다음은 평상시에도 장애인 학생들이 학습권의 차별을 경험하는데, '온라인 학습' 의존도가 높아지면 비장애인 학생과 교육격차는 더욱 심화될 것은 자명하다. 정부는 코로나19 취약계층인 장애인들이 학습 피해를 보지 않도록 수어 통역, 자막 서비스 제공 등 보완책 마련은 물론 근본적인 장애인 교육정책의 체질개선에 속도감을 내야 한다.

비상 상황에서 농(청각장애)학생을 지원할 수 있는 기준을 마련하고, 온라인 강좌에 자막 서비스 및 수어통역을 제공하는 정책 마련하며, EBS 등 초·중·고 인터넷 강의에 자막 서비스 및 수어통역을 제공할 수 있는 예산 확보에 최선을 다해야 한다.

최근 장애인에 대한 정책은 시설 보호에서 지역 사회 보호로 그 패러다임이 전환되고 있다. 따라서 장애인에 대한 복지 서비스 또한 확장되어 직업 재활과 같은 정책들이 계속하여 시행되고 있다. 장애인들의 직업 재활 시설의 운영은 장애인 개인에게는 취업을 통한 자아실현의 기회와 소득증진에 많은 도움이 될 수 있을 것이다. 또한 장애인 단체들이 최우선으로 중점을 두고 있는 정책은 '활동지원서비스 만 65세 연령제한 폐지'다. 장애인의 경우 만 65세가 되면 활동지원서비스가 중단되고 노인장기요양서비스로 강제 전환된다. 문제는 노인장기요양서비스 시간은 하루 최대 4시간에 불과하다는 것이다. 만 65세가 되어 활동지원서비스가 중단되면, 장애인 개인의 삶이 완전히 피폐해진다. 이에 코로나19와 관련해 장애인을 위한 시급한 대책과 장기적 대책을 같이 세워 시행하여야 한다.

4
Column

'비극적 시나리오'
세계 대공황에 직면?'

— 실물 경제의 지표 '주식 대폭락'

코로나19 팬데믹(세계적 대유행) 공포가 세계 증시를 덮쳐 금융시장 불안감이 급상승하는 가운데, 안전 자산으로 각인되어온 금이나 채권까지 매도하는 기현상이 벌어지고 있다. 주식과 채권, 금 등 종류를 가리지 않고 '묻지 마 팔자'로 확보한 현금이 '초(超)안전 자산'인 달러에 급속히 몰리고 있다. 지난 3월 12일 미국 뉴욕의 주요 증시 지수는 1987년 이후 33년 만에 최악의 낙폭을 기록하면서 '검은 목요일'을 맞이했다

뉴욕증권거래소(NYSE)의 다우존스산업평균지수는 전 거래일보다 2352.6포인트(9.99%) 떨어진 2만1200.62로 거래를 마쳤고, 스탠더드 앤드푸어스(S&P) 500지수는 260.74포인트(9.51%) 떨어진 2480.64로 장을 마감했다. 영국의 주요 증시 지수도 전날 대비 10% 이상 떨어져 1987년 이래 최악의 낙폭을 기록했다.

3월 17일 한국의 금융위원회에 따르면, 지난 3월 16일부터 오는 9월 15일까지 6개월 간 코스피·코스닥코넥스 시장 전체 상장종목에 대한 공매도 금지를 발표했다. 코로나19로 인한 글로벌 경기 침체 우려로 우리나라를 포함한 글로벌 증시가 최근 한 달 사이 20% 이상 폭락하자 긴급 처방을 내놓은 것이다.

공매도는 주가 하락이 예상되는 종목의 주식을 미리 빌려서 팔고 가격이 내려가면 싼값에 사들여 빌린 주식을 갚는 방식으로 차익을 남기는 투자 기법이다. 앞서 2월 25일, 도쿄증권거래소(TSE)에서 주요 지수는 신종 코로나바이러스(코로나19)가 '팬데믹'으로 번질 수 있다는 공포감 등으로 2018년 12월 25일 이후 가장 크게 하락했다.

그렇다면 현재의 중국 실정은 어떠할까? 지난해 2019년 중국 경제 성장률은 6.1%로 29년 만에 최저치를 기록한 가운데, 2월 3일 중국에서 설 연휴가 끝난 뒤 개장한 상하이종합지수는 7.7% 폭락했다. 하루에만 440조 원이 증발했다. 환율도 1달러당 7위안을 넘었다. 중국 위안화 가치가 최근 들어 가장 많이 하락한 것이다.

— 유가 하락 오히려 '경제침체 부채질'

3월 9일 미국 증시 급락의 방아쇠를 당긴 건 신종 코로나바이러스 감염증 확산 공포와 국제유가 대폭락이었다. 코로나19 공포로 석유 수요가 위축된 가운데, 산유국들이 공급을 줄이지 못하면서 국제유가가 13개월 만에 최저 수준으로 하락했다. 석유수출국기구(OPEC)와 러시아가 감산 합의에 실패하고 최대 산유국인 사우디아라비아가 증산을 선언하면서 국제유가가 20% 이상 폭락한 것이다.

또한 미국이 주도적으로 육성해 온 셰일가스도 유가 하락으로 치명타를 입고 있다. 셰일가스 기업들의 손익 분기점은 배럴당 60달러 안팎으로 알려져 있다. 현재 국제유가는 그 절반 정도인 30달러 선이다. 전문가들은 한동안 국제유가가 배럴당 30달러선에 거래되고, 최악의 경우 20달러 밑으로 떨어질 수 있다고 전망했다.

석유값이 떨어지면 생산 원가가 줄어 산업에 긍정적 영향을 줄 수 있다. 하지만 급격한 유가 하락은 다국적 에너지기업의 수익 악화, 미국 셰일가스 개발업체 타격, 금융회사 부실 증가 등으로 이어지는 이른바 '역(亦) 오일쇼크'를 초래한다.

─ 마이너스 경제성장, 실업률 대폭상승

미국 싱크탱크인 브루킹스연구소는 향후 예기치 못한 코로나19 사태로 주식시장의 급속한 추락과 유가의 폭락에 올해 세계 GDP가 최대 9조 달러(약 1,989조 9,000억 원) 대폭 줄 수 있다고 분석했다. 2019년 세계 GDP가 88조 달러로 추정되는 것을 감안하면 GDP의 10%가 공중분해되는 셈이다.

국제금융기관과 전문가들은 이구동성으로 세계경제가 올해 최악의 상황에 직면할 것을 기정사실화한다. '누리엘 루비니' 미국 뉴욕대 경영대학원 교수는 코로나19 팬데믹으로 세계경제가 1930년대 대공황 때보다 더욱 심각한 초공황(Greater Depression)으로 빠질 것이라고 경고한다. 세계 주요 금융사 450개가 가입한 국제금융협회(IIF)는 세계 경제성장률 전망치를 종전 0.4%에서 -1.5%로 낮췄다. 글로벌 신용평가사 무디스도 올해 주요 20개국(G20)의 경제성장률이 코로나

19 사태에 따른 경기침체로 -0.5%를 기록할 것으로 전망했다. 글로벌 투자은행 JP모건도 세계 경제성장률 전망치를 2.5%에서 -1.1%로 대폭 하향 조정했다

─ 1930년대 대공황 생생하게 떠올라

1929년 10월 24일, 미국의 뉴욕 증권 거래소의 주가 대폭락과 함께 세계 대공황이 촉발됐다. 이후 1930년대 내내 전 세계의 모든 자본주의 국가들은 길고 혹독한 경기 침체의 늪으로 빠져든다. 역사상 전대미문의 최악의 경제 위기였다.

미국 경제는 제1차 세계대전 이후 번영의 시대를 구가하는 듯했다. 기업의 이윤이 대폭 늘어나 배당금이 급증했고, 너도 나도 은행에서 돈을 빌려 주식에 투자하자 주식 시장은 버블현상이 나타났다. 또한 기업들은 과도한 성장에 대한 장미빛 전망에 과도한 설비 투자를 했으며, 농민들도 지나치게 많은 잉여 농산물을 생산했다. 이에 급속한 성장은 비등점에 도달한 것이었다.

주식 시장이 붕괴하자 주식에 투자했던 많은 사람들이 파산했다. 사람들은 소비를 줄였고, 기업들은 노동자들을 대량 해고했다. 공업 생산은 절반 가까이 줄어들었으며, 4명 가운데 1명이 일자리를 잃었다. 1933년에 이르러 대공황은 대서양을 건너 영국, 프랑스, 독일 등 유럽 여러 나라들로 빠르게 확산됐다. 세계 자본주의 체제가 국경을 넘어 서로 긴밀하게 연결된데다, 정부가 시장 경제에 무개입해야 한다는 자유방임주의가 대세였기 때문이다.

　이후 미국 정부는 '뉴딜' 정책을 통해 공황을 타개하려 했다. 자유
방임주의에서 벗어나 정부가 시장경제에 적극적으로 개입하기 시작
한 것이다. 미국 정부는 여러 공공사업을 펼쳐 일자리를 창출하고, 노
동자의 권리와 임금을 보장하며, 사회보장제도를 확대했다.

　고용을 늘려 소비와 생산을 원상대로 회복하기 위함이었다. 금융
산업 등에 대한 규제도 새로이 도입했다. 이처럼 정부가 시장 경제에
개입하는 형태의 자본주의를 '수정자본주의' 또는 '혼합자본주의'라
고 부른다. 이제 부득불 국가가 시장 경제에 적극 개입하는 시대로 다
시 돌아가게 되는 것인가?

　—　'공세적으로 신속히' 대처해야 '파국 모면'

　대공황은 미국에 끔찍한 기억을 남겼다. 대공황기였던 1930년부
터 3년간 미국 경제는 차례로 8.5%, 6.4%, 12.9%의 역(마이너스)성장을

기록했다. 4년간 계속된 불황은 1933년 미국 경제 규모를 1929년의 절반 수준으로 반토막 나게 했다. 이 같은 불황은 세계 교역을 급격히 감소시켰고 이는 수많은 기업의 도산과 대규모 실업 사태로 이어졌다.

미국 의회가 2조2,000억 달러(약 2,700조 원)라는 사상 최대 규모의 경기부양 패키지 법안을 통과시켰지만 실업대란을 막기 어려울 것이라는 분석이 나온다. 미국 경제정책연구소(EPI)는 "코로나19 사태로 기업과 시장이 문을 닫으면서 올여름까지 최대 1,400만 개의 일자리가 사라질 것"이라고 전망한다. 국제노동기구(ILO)는 전 세계적으로 실업자가 글로벌 금융위기 당시(2,200만 명)보다 많은 최대 2,500만 명까지 현실화될 수 있다고 극도의 우려를 표명한다.

코로나19 확산에 따른 글로벌 경제 활동이 봉쇄(lockdown) 수준으로 제한되고 있는 가운데, 한층 강력한 봉쇄로 코로나19 확산을 막으려고 한다면 세계 경제는 더 침체되는 '봉쇄의 역설' 현상의 기현상이 섬뜩하게 나타날 수 있다. 경제전문가들은 "정책 수립자들이 총수요를 끌어올리기 위한 조처에 적극적이고 빠르게 나서야 한다."고 한결같이 입을 모은다.

5

Column

전 세계 '부채폭증'으로 재정건전성 위기

— 국제사회 '코로나19 경기부양책' 부채폭증

국제사회가 2019년 말부터 몰아친 코로나19 정국에 휘청거리는 '고사 직전'의 글로벌 경제를 회생시키기 위해 고강도 심폐 소생술을 대대적으로 처방하고 있다.

미국은 2조 달러(약 2,500조 원)의 초대형 경기부양책을 제시했다. 이는 미국 국내총생산(GDP 21조 달러)의 10%에 해당하는 규모다. 독일도 1조 유로(약 1,344조 원) 규모의 매머드급 부양책을 내놓았다. 이는 독일 GDP의 무려 30%에 해당한다. 일본은 108조 엔(약 1,200조 원)에 달하는 이례적인 긴급 경제대책을 발표했다. 이는 일본 GDP의 20%에 해당한다.

프랑스 역시 3,450억 유로(약 398조 원, GDP의 약 13%), 영국 3,300억 파운드(약 498조 원, GDP의 약 15%), 스페인 2,000억 유로

(약 265조7,000억 원, GDP의 약 16%) 수준의 경기부양책을 내놓았다. 우리나라는 총 132조 원 규모의 경기부양책을 발표했는데, 이는 GDP 대비 7%에 해당한다.

이러한 엄청난 재정 투입은 세계 각국의 부채를 한층 가중시키는 국면으로 진행되고 있지만, 현재 상황을 수수방관하면 전 세계적 대공황은 기정사실화 되겠기에, 우선 일단 죽어 가는 환자는 살려놓고

보자는 고육지책 처방이다.

— '미·일·중과 유럽연합'이 부채 선도국가

국제통화기금(IMF)에 따르면, 전 세계 정부의 총 부채는 2018
년 말 현재 69조3,000억 달러(약 8경2,328조 원)로 급증했
다. 미국 정부 부채만 2019년 11월 말 기준으로 23조800
억 달러(약 2경7,419조 원)에 이른다.

일본 역시 엄청난 국가 부채를 떠안고 있다. 2018
년 12월 말 기준, 일본의 부채 규모는 약 1,100조
엔(약 1경 2,000조 원)에 달하며, 가파르게 증가
하고 있다. 1980년에 일본의 GDP 대비 50%에
불과했던 정부 부채 규모는 1,000조 엔 이상 증
가해 현재 GDP 대비 240%로 엄청나게 증가했다.
따라서 일본 국민 1인당 약 900만 엔의 부채를 짊
어지고 있는 형국이다.

지난 2008년부터 2017년 기간 중, 중국 GDP
규모는 4.6조 달러에서 12.2조 달러로 증가한

반면 부채 규모는 6.6조 달러에서 32.4조 달러로 폭증했다. 국제금융협회(IIF)에 따르면 2018년 6월 기준 중국의 총 부채는 219조1,000억 위안(3경7,800조 원)으로, 부채의 증가 속도가 2008년 금융위기 이후 급증하는 상태이다.

2018년 EU 전체의 정부 부채는 12조7천152억4천900만 유로로, GDP의 80.0% 규모이다. EU에서 GDP 대비 정부 부채 비율이 가장 높은 나라는 그리스(181.1%)이고, 이탈리아(132.2%), 포르투갈(121.5%), 키프로스(102.5%), 벨기에(102.0%), 프랑스(98.4%), 스페인(97.1%) 등의 순으로 높았다.

— '한국 국가채무' 735조6,000억 원

국가채무는 미래 정부가 채무자로서 상환해야 하는 금액을 의미하며, 중장기 재정건전성을 보여주는 핵심지표이다. 국가채무 비율은 우리나라 국내총생산(GDP) 대비 국가채무 비율을 나타낸 수치다. 그리고 국가부채는 중앙정부 채무, 지방정부 채무, 국가공기업부채, 그리고 지방공기업부채를 합산한 것으로, 보증 채무를 제외한 직접 부채만을 집계한다.

국회예산정책처의 국가채무시계에 따르면, 2019년 11월 30일 오후 6시 15분 기준 우리나라 국민 1인당 부담해야 할 국가채무는 1,418만 7,555원에 달했다. 10년 전인 2009년 723만 원에 비해 2배로 늘었다. 같은 날 기준 우리나라의 국가채무는 735조6,000억 원으로 2018년 말(700조5,000억 원)보다 35조 원 늘어났다. 2009년 국가채무(360조 원)와 비교하면 10년 새 2배가량 증가했다. 현재 한국의 부채 비율은 40%선이다.

경제협력개발기구(OECD) 회원국은 '국가채무 비율 60%, 재정 적자 3% 이내 유지'를 재정건전성의 기준으로 삼는다. 실제 기축통화국이 아닌 스위스(42.9%), 노르웨이(42.8%), 호주(42.6%) 등은 한국과 비슷한 국가채무 비율 수준을 보인다.

대비해 보면 우리나라 국가부채는 OECD 국가보다 대단히 안정적이다. 독일 64%, 프랑스 112%, 미국 136%, 일본 233% 등 대부분 우리나라 부채 수준보다 크게 높다. 우리나라가 선진국에 비해 국가채무 비율이 훨씬 낮은데도 국가채무 비율 40% 초과를 걱정하는 데는 특별한 사정이 있다. 이런 근심이 더욱 커질 수밖에 없는 이유는 국가채무 증가 속도 때문이다.

2000~2016년 사이 연평균 우리나라 국가채무 증가율은 11.6%로 OECD 국가 중 네 번째로 빨랐다. 국회예산정책처에 따르면, 이는 재정 위기를 겪은 포르투갈(8.9%), 스페인(7.0%), 그리스(4.9%)보다 빠른 속도다.

국회예산정책처는 '2019~2028년 중기 재정전망'에서는 2028년까지 우리나라의 총수입은 연평균 3.8% 증가하는데 비해, 총지출은 4.5% 증가하여 국가채무가 2028년 1,490조6,000억 원까지 확대될 것으로 전망했다. 통계청 장래인구추계 기준 2028년 총인구(5,194만 명)로 나누면 1인당 국가채무는 2,870만 원을 기록할 것으로 추산된다. 또 국내총생산(GDP) 대비 국가채무 비율은 2019년 38.0%에서 2028년 56.7%까지 상승할 것으로 내다봤다.

— **한국의 부채비율 급증이 '우려되는 이유'**

국가 부채가 늘어나면 어떤 문제가 생길까. 먼저 정부가 돈을 빌린

대가로 지급해야 하는 이자 부담이 증가한다. 그만큼 미래를 위한 투자에 쓸 수 있는 돈이 줄어들게 된다. 국가부채비율이 일정 수준을 넘어서면 국가에 대한 국제 사회의 신뢰가 흔들리기 시작한다.

　재정적자가 쌓여서 만들어지는 국가채무는 우리 경제의 대외신용도를 결정하는 주요 지표이다. 대외신용도가 하락하면 우리 돈의 대환 가치가 하락하여 환율이 오르고 무역거래가 위축되면서, 물가가 상승하고 불경기가 온다. 만일 국가부채가 계속 커지면, 가계나 기업이 파산하는 것과 마찬가지로 국가도 신용등급이 하락하여 국채 발행이 어려워지고, 통화가치가 급락하는 등 경제 전체가 위기국면에 빠지게 된다. 특히 재정적자를 메우기 위한 대규모 국채발행은 민간소비와 투자를 위축시켜 경제 전반에 불경기를 심화시킨다.

　우리 대한민국이 비교적 다른 나라에 비해 국가 부채 비율이 비교적 낮으면서도 우려되는 이유는 너무 단순하다. 우리나라 정부재정은 무상복지의 확대로 인한 의무지출의 증가가 대폭 늘고, 고령화, 저출산, 그리고 청년고용의 활성화 등에 대한 예산수요가 당분간 매우 큰 폭으로 증가할 것이라는 점이다. 특히 저출산·고령화가 세계에서 가장 빠르다. 인구가 줄면 세수가 줄어들고, 고령화로 정부가 써야 할 복지 예산 지출 등은 급증할 수밖에 없다.

달러, 엔화, 유로화 등 기축통화 국가들과는 입장을 달리한다. 미국은 기축통화인 달러를 찍어낼 수 있어 채무 비율이 높아도 부담이 덜하고, 채무비율이 과다한 일본의 경우는 채무의 대부분을 국내에서 조달하기에 외화 유출 우려가 크지 않다.

그리고 개발도상국들의 경우, 경제 규모가 작아 국가부채가 증가하더라도 사회간접자본·교육·연구개발 등 생산적인 부문에 대한 투자를 확대하면, 이를 통해 경제가 성장하고 경제 규모가 커지면 세수가 증가하기 때문에 단기적으로 늘어났던 국가부채가 다시 줄어들 수 있다.

전문가들은 정부 지출을 효율화해 국가 부채가 늘어나는 속도를 늦춰야 한다고 지적한다. 출산율 저하와 평균 수명 증가에 따라 미래 세대의 노인 부양 부담이 갈수록 늘어날 수밖에 없다. 복지 지출을 정부 재정으로만 해결하려 하지 말고 민간과 역할 분담을 하고 정부 지출의 효율성을 살리는 식의 개혁이 필요하다.

또한 진정 미래세대를 생각한다면 미래기술 개발을 위한 재정 투자를 확대해야 이들의 부담을 덜어주는 길이 될 것이다. 국가부채의 과도한 증가를 억제하기 위해서는 적극적으로 정부 지출의 구조조정 및 효율성을 높이는 동시에 세수 확대를 위한 지속적인 노력이 필요하다.

6

Column

'중산층의 몰락,
빈곤층의 증대'

—　　중산층이 붕괴되고 있다.

오늘날 중산층의 삶이 위기에 놓이지 않는 나라는 거의 없다. 중산층이 두터운 '다이아몬드형 사회'에서 중산층이 엷어진 '모래시계형 사회'로 급변하고 있다. 중산층이 감소하고 있는 것이 세계적 추세이기는 하나 유독 한국사회에서는 그 속도가 빠르다. 최근에는 집값 폭등과 교육비 지출 증가 등으로 상대적 박탈감이 커지면서 스스로를 빈곤층으로 간주하는 사람들이 늘고 있다.

보건사회연구원에 따르면 중위소득의 50~150%에 속하는 중산층의 비중은 1990년 74.47%에서 2000년 70.87%로, 다시 2010년 67.33%로 지속적으로 감소돼 왔다. 주목할 것은 주관적인 중산층 귀속의식이다. 현대경제연구원에 따르면, 2013년 8월 시점은 국민 가운데 자신이 중산층이라고 생각하는 사람은 46.4%에 불과했다. 이는 중위소득의

50~150%를 중산층으로 보는 OECD 기준을 적용한 수치다.

또한 소득계층 간 이동률을 보면, 계층 이동 없이 저소득층에만 머물고 있는 비중은 2008~2009년 전체 계층의 18.4%에서 2011~2012년 20.3%로 늘어났다. 특히 비정규직의 급속한 증가는 우리 사회의 소득불균형을 보여주는 주요한 지표가 된다. 2019년 8월 경제활동인구조사 근로형태별 부가조사 결과, 비정규직 근로자는 748만 1천 명으로 임금근로자 중 36.4% 차지한다.

— 모든 통계 수치 '생생히 입증'

모든 통계수치는 소득 격차가 역대 최대인 것으로 나타났다. 통계청이 지난해인 2019년 8월 22일 발표한 '2분기 가계동향조사(소득부문)'의 지니계수는 30.64로 2018년에 이어 30선을 유지하며 IMF외환위기 당시와 비슷한 수준을 보였다.

지니계수는 1995년 2분기까지 25~27 사이에 머물다가 IMF 외환위기 다음해 30선을 넘어 1999년 30.83에 이른다. 2000년 들어 다시 진정되는 기미를 보이다 2008년 미국발 금융위기와 함께 다시 29.87로 오른다. 지니계수는 이후 다시 회복세를 보여 2015년 26.93으로 IMF 직전 수준까지 떨어진다. 다시 문재인 정부가 들어선 직후 2018년 다시 30선을 깨고 30.69에 이르고 2019년 30.64로 0.05% 떨어져 소폭 개선됐지만 2분기 기준으로 30선을 넘은 것은 IMF 이후 처음이다. 여기서는 지니계수의 값에 100을 곱한 값이다.

'지니계수(Gini coefficient)'란 국민들의 빈부격차를 측정할 수 있는 지표로 이탈리아의 통계학자인 코라도 지니(Corrado Gini)가 1912년에

만들어냈다. 지수는 0~1 사이로 나오는데 숫자가 작을수록 평등한 소득분배를 의미하고, 숫자가 1에 가까울수록 소득분배가 불평등하다는 것을 의미한다. 지니계수는 평상시 소득 상황으로 집계를 내야 하기 때문에 소득의 편차가 클 수 있는 분기나 월 단위로 계산하지 않고 1년 주기로 작성한다.

다음으로는 '균등화 처분가능소득 5분위 배율'을 살펴본다. 통계청이 2019년 8월 22일 '가계동향 조사(소득부문) 결과'에 따르면 2분기 균등화 처분가능소득 5분위 배율(전국, 2인 이상)은 5.30배로 집계됐다.

2003년 관련 통계를 작성한 이후 2분기 기준으로는 역대 최대다. '소득 5분위 배율'이란 5분위계층(최상위 20%)의 평균소득을 1분위계층(최하위 20%)의 평균소득으로 나눈 값을 말한다. 소득 5분위 배율은 지니계수와 함께 국민소득의 분배 상태를 나타내는 대표적인 지표이다.

마지막으로 '상대적 빈곤율'의 실상이다. 2018년 12월 20일 '가계 금융·복지조사 결과' 보고서를 보면, 2018년 '상대적 빈곤율'은 17.4 %이다. 상대적 빈곤율은 균등화 처분가능소득이 중위 소득의 50% 이하에 속하는 인구를 전체 인구로 나눈 값이다. 2018년에 중위 소득 50% 이하를 가르는 기준인 빈곤선은 1천322만 원이다. 전체 인구의 17.4%가 연간 1천322만 원 이하의 처분가능소득으로 생활한 셈이다.

OECD 36개 회원국 중 한국은 지니계수가 28위, 소득 5분위 배율은 29위, 상대적 빈곤율은 31위를 기록하는 등 하위권을 맴돌고 있다.

── 왜 이렇게 모든 상황이 악화되었을까?

통계청에 따르면, 2016년 10월 현재 중산층은 국민의 66%, 97년 74.1%와 비교하면 8% 이상 하락했다. 금융위기 이전에는 근로소득 증가가 소득 불평등 완화로 이어졌지만 금융위기 이후에는 오히려 근로소득이 늘어날 때 소득불평등도 악화되는 것으로 파악됐다.

분석 결과 근로소득 불평등도는 금융위기 이전보다 이후에 더 악화했다. 이는 비정규직의 증가 등 근로소득자 간 임금 격차의 확대를 의미한다. 더욱이 지난 우파 정권은 '세금 줄이고 규제 풀고 법질서 세우겠다.'는 '줄풀세'는 양극화를 심화시켰고 중산층을 몰락시켰다.

이렇듯 국내외 경제 상황이 계속하여 악화되는데도 불구하고 지난 20년간 부채 상환을 위한 지출, 통신비, 교육 관련 지출 비중의 증가는 가계 지출 부담이 18%에서 43%로 급증했다. 이러한 지출은 좀처럼 줄이기 쉽지 않은 경직성 비용이다. 상황이 이렇다 보니 세계 최고였던 우리나라의 저축률은 2010년 경제협력개발기구(OECD) 평균 7.1%에 비해 고작 5분의 2 수준인 2.8%로 떨어졌다.

하지만 중산층 붕괴를 정부의 정책부재 탓으로만 돌려서는 안 된다. 신자유주의 확산도 중산층 붕괴에 영향을 준 것은 분명하다. 여기서 간과해서 안 될 것은 중산층 붕괴의 또 다른 근본적 원인 중의 하나는 전 세계적인 경제 환경 변화에 따라 대한민국이 정보화와 지식기반 사회로 급속히 편입되고 있기 때문이다. 쉽게 말해 우리 사회가 정보와 지식의 격차에 따라 소득수준이 결정되는 단계에 진입한 것이다.

— **중산층! 사회 공동체의 든든한 받침대**

중산층은 경제의 성장 동력이자 사회 공동체의 든든한 받침대다. 중산층이 무너지면 어느 나라도 버텨낼 수 없다. 경제를 지탱하는 중산층의 몰락은 국가 붕괴로 이어진다. 앞으로도 이 같은 추세는 더욱 뚜렷해질 것이 분명하다. 중산층이 줄어들면 계층 간 갈등이 심해지고 내수기반이 약화돼, 소비가 위축되고 그로 인해 기업 매출과 일자리가 줄어드는 악순환이 되풀이된다.

성장 중심의 경제정책 등 기존의 패러다임으로 해결이 어렵다는 것은 이미 검증됐다. 전문가들은 우리 시대의 중산층이 몰락하고 있다는 것은 그만큼 소득 불균형이 심화됐다는 것을 의미한다고 설명한다. 사라진 중산층은 부유층보다는 빈곤층으로 이동했을 가능성이 높다.

실직의 고통이 중산층과 하위 계층에 더 가혹하게 다가오는 것은 물론 이들의 소득 구조에서 자산 소득보다 근로 소득의 비중이 훨씬 높기 때문이다. 일자리를 잃었거나 감봉 등으로 소득이 크게 줄어든 중하위층이 빠른 속도로 하위 계층에 유입될 공산이 크다.

OECD는 "탄탄한 중산층은 경제·정치적 안정성을 높이는 사회의 필수동력"이라면서 중산층 복원에 대한 전방위적 대책을 촉구하고 나섰다. 일단 기업 활력을 높여 좋은 일자리를 창출해 중산층 기반을 넓혀야 한다. 그래야 침체된 내수가 살고 국가도 살아나는 것이다.

또한 소득에 따른 담세의 형평성을 높이면서 저소득층을 위한 사회안전망 구축에 심혈을 기울이는 것이, 가장 확실한 중산층 보호대책이자 양극화를 해소할 수 있는 방안이다.

특정 시점의 불평등이 심화됐다 하더라도 소득지위가 낮은 개인에게 소득지위가 높아질 수 있다는 희망이 있다면 문제는 덜 심각하다. 그러나 반대로 자신의 세대 또는 자녀 세대에서도 소득지위가 높아질 가능성이 없다고 한다면 이에 따른 상실감은 계층간 위화감을 키우고 사회통합을 저해할 것이다.

외환위기 이후 20년 동안 기업과 가계, 대기업과 중소기업, 정규직과 비정규직 등 누적된 소득 불균형 문제도 해결해야 되지만, 1인 가구의 증가, 고령화의 급속한 진전 등 새로운 변화가 소득과 재원분배에 미치는 직접적 영향에 대해서도 주목하고 선제적으로 대응해 나가야 할 것이다.

7

Column

———

'청년실업난 타개'
총력 집중을

─── 세계 각국은 '청년실업문제' 대과제

청년실업문제는 글로벌화와 정보화된 오늘날 거의 모든 나라가 안고 있는 사회 문제이다. 2008년 세계금융위기 이후 경제성장이 정체되었고, 고용 없는 성장현상으로 인한 청년실업문제가 전세계적인 심각한 사회문제로 대두된 것이다.

2019년 11월 통계청이 발표한 대한민국 청년(15~29세) 실업률은 7.0%로 청년실업자는 30만 명으로 집계됐다. 특히 우리나라 전체 실업자 가운데 20대 후반이 차지하는 비중은 7년째 경제협력개발기구(OECD) 최고 수준이다. OECD 통계에 따르면, 2018년 한국 전체 실업자에서 25~29세 실업자가 차지하는 비중은 21.6%로, OECD 36개 회원국 가운데 가장 높았다. 2위는 덴마크(19.4%), 3위는 멕시코(18.2%)였다.

문제의 심각성은 실업률 전체 증가보다 청년실업률이 더 큰 폭으로 증가하고 있다는 점이다. 과거 실업은 해외요인 또는 일시적 경기 침체에 의한 실업이 대부분이었다. 그러므로 과거에는 세계경기가 회복되거나, 정부가 경기부양책을 사용하면 비교적 무난히 해결할 수 있었다. 그러나 현재 실업문제는 이러한 일시적 경기 침체에서 오지 않고, 구조적 요인에서 기인한다는데 문제의 심각성이 존재한다. 그것은 '경제성장의 둔화'와 '생산방식의 변화'이다.

─ 자동화 등 '구조적 요인' 부채질

글로벌 금융위기 이후 OECD 국가들 대부분이 청년실업률이 악화된 이유는 무엇일까? 가장 큰 원인은 무엇보다 경기 침체의 탓이다. 우리 한국의 경우, 1% 경제성장을 이루면 약 6만 개의 새로운 일자리가 생긴다. 우리나라 년 평균 순 노동증가분(신규 근로자수에서 정년퇴직 근로자를 뺀 수)을 약 30~35만 명이라고 가정한다면, 우리나라는 최소 매년 약

5~6% 정도의 경제 성장이 필요하다. 그러나 현재의 경제성장율은 이 수치의 절반도 되지 않는다. 그러니 청년실업이 증가할 수밖에 없다.

다음은 '생산방식의 변화'이다. 산업이 발달할수록 같은 재화를 생산하는데 들어가는 노동의 량은 점점 감소한다. 기술의 발달과 자동화의 급속한 진행은 이런 현상을 한층 가속화시키고 있다.

국내외로 치열한 경쟁의 가속화에 기업은 기술개발과 자동화를 통해 인력고용을 최소화하고, 외주용역 비중을 늘려 직접 고용을 줄여 나가는 추세가 일반화되고 있다. 다른 한편으로는 요즘 기업들은 생산비용 절감을 위해 재교육비용이 드는 신입사원 대신, 경력직 채용을 선호하는 경향이 뚜렷하다는 점이다.

— '중소기업·비정규직' 취업 기피현상

우리나라 20대 후반의 청년실업이 사회문제로 떠오르고 있는 가운데, 실업에 따른 가장 큰 원인은 대기업과 중소기업의 임금 격차에 따른 청년들의 대기업 선호도 때문인 것으로 조사됐다. 젊은이들이 선호하는 '좋은 일자리'의 대부분이 대기업 또는 공무원·공기업이라는 현실을 무시할 수 없다. 취업 대상 기업에 대한 젊은이들의 중소기업에 대한 선호도는 대기업과 공기업에 비해 극히 낮다.

젊은이들이 중소기업에 종사하기를 기피하고 대기업을 선호하는 이유는 많다. 근무환경의 차이, 대기업과의 연봉 차이 등 실질적인 이유뿐만 아니라 기업의 낮은 인지도, 미래 비전의 불확실성, 심지어는 결혼 조건의 불리함까지 다양하다. 이처럼 고임금이 보장된 대기업 및 공공부문 정규직의 고용과 열악한 중소기업과 비정규직 부문 간의 괴

리심화가 청년고용 악화의 중요한 한 원인이지만, 대기업과 공공부문의 임금 경직성을 완화하는 것 또한 매우 지난한 숙제이기 때문이다.

우리 사회가 유럽이나 일본처럼 대학을 졸업하지 않아도 능력으로 대우 받는 사회라면 취업전선에 뛰어들어 경력과 실력을 쌓아 성장해 갈 수 있겠지만 학력주의와 학벌주의가 만연해 있는 우리나라에서 단기간 내에 그렇게 되기는 현실적으로 어렵다.

우선 취업을 가로 막는 대기업과 중소기업, 정규직과 비정규직

간의 임금양극화 현상 등을 지속적으로 해결한다면 공무원, 대기업 등 특정 직업군에만 몰리는 취업현상도 줄어들 것이다. 고용창출을 위한 중소기업의 경쟁력 제고를 위해서는 중소기업 스스로 혁신경영을 하고 청년들이 이런 기업들에서 비전을 발견하여, 함께 성장해 나갈 수 있도록 하는 노력이 필요하다.

ental
tion
nce

─ 교육기관과 취업현장 간 '수요 공급' 괴리 좁혀야

이와 같이 사회적 문제 못지않게 우리나라에서 청년실업의 타개를 가로막고 있는 것은, 인력의 수요자인 기업(일자리 공급자)과 인력의 공급자인 청년, 양측 모두에게 존재하는 심각한 구조적인 문제가 있기 때문이다. 교육기관이 배출하는 인력과 취업현장에서 요구하는 인력간의 기술격차(Skills Gap) 때문에 발생하는 불균형이 청년실업률을 가중시키고 있다.

이에 실용교육의 확립을 위한 대학 교육의 혁신 등 과감한 정책 전환이 시급하다. 또한 실사구시를 중시하는 사회 가치관의 정립을 향한 장기적인 실천 계획이 마련되고 일관되게 추진되어야 할 것이다.

서유럽 국가들이 청년실업의 구조적 원인 중 하나인 노동 수급의 불균형을 해소하기 위해 직무·학습 병행제를 도입하고 있는 것은 매우 합리적이다. 독일과 스위스가 청년실업률이 낮은 이유는 탄탄한 제조업 기반, 재정건전성, 그리고 학교 정규교육과정에 견습프로그램을 융합시켜 교육과 기업 간의 현장적응 격차를 줄인 데 있다. 대표적으로 독일은 학교 교육과 기업에서의 현장실습이 적절하게 조화된 '이원화된 직업교육훈련'을 통해 숙련된 인력을 배출하고 있다.

─ '학교와 산업체, 정부와 지자체' 총체적 공조를

청년 실업의 문제는 경기의 변동이나 경제 정책의 변화에 따라 쉽게 호전될 수 있는 문제가 아니라, 구조적인 성격을 띠고 있어 단기간에 해소하기는 매우 어려운 문제이다. 정부는 일자리 대책의 핵심으로 '좋은 일자리'를 만들기 위해 막대한 예산을 배정하고 많은 시책들을 추진하고 있다.

그러나 단기적인 대책에만 치중하고 구조적인 측면과 중장기적인 대책을 간과한다면 청년실업 타개의 근본적 문제해결은 요원할 것이다. 노동시장의 경직성과 고용지원서비스의 미흡, 그리고 대기업 취업에 실패한 청년층들이 대안으로 선택할 수 있는 우수한 중견기업의 부족도 청년층의 취업난에 악영향을 미친다.

정책적으로 정부, 교육기관 그리고 기업 간의 긴밀한 협력을 통해 중장기적 인력 수급계획을 수립한 후 학교의 커리어 카운셀러들과 긴밀한 정보 교환을 해야 한다. 취업 프로그램 참여 후 개별적인 상담과 다양한 정보 제공을 통해 개인의 선택을 확장하고, 이를 취업과 적극적으로 연계함으로써 미취업 상태를 탈출하도록 지원해야 한다. 또한 국가와 지방자치단체는 인력수급과 청년실업 실태, 자금지원, 직업능력개발 등이 포함된 포괄적인 대책을 수립하여 민간부문의 적극적 참여와 협조를 유도하여 함께 시행해야 한다.

미래세대인 청년의 취업이 늦어지면 경제적 능력이 필요한 결혼과 출산도 지연되고 따라서 고령화사회 속의 낮은 출산률 문제를 더욱 악화시킬 것이다. 이에 대한 해법은 산업경쟁력을 키우고 새로운 성장 동력의 개발로 '좋은 일자리'를 많이 창출하는 데 있다.

8
Column

생산적 복지
'노인일자리 창출'에
심혈을

— 노령인구 14% '한국은 고령화사회'

우리나라는 국민소득 향상, 의학 발달, 보건위생 개선 등으로 평균수명이 연장되면서 노인 인구가 크게 증가하고 있다. 행정안전부는 2017년 8월말 기준 65세 이상 주민등록인구는 725만 7,288명으로 전체인구(5,175만3,820명)에서 차지하는 비율이 14.0%를 처음 넘어섰다고 발표했다. 2000년에는 65세 이상 비중이 7.3%로 집계되고 고령화사회에 진입한 지 17년 만이다. 2026년이면 노인인구 비율이 20% 이상으로, 전 국민 5명 중 1명이 노인(1,000만 명)인 초고령화사회로 진입할 것으로 예측된다.

UN에 따르면, 65세 이상 인구가 전체 인구에서 차지하는 비율이 7% 이상이면 해당 국가를 '고령화사회'로 분류한다. 또한 65세 이상 인구가 전체에서 차지하는 비율이 14% 이상이면 '고령사회' 다시 20%

이상까지 올라가면 해당 국가를 '초고령사회'로 구분한다.

고령화사회는 일반적으로 노인들이 전체 사회에서 차지하는 비중이 다른 집단보다 상대적으로 높은 사회로 이해된다. 그럼에도 단순히 노인의 수가 많다는 것에 의미가 있기보다는 노인 인구의 비중이 급증하면서 사회 경제적인 구조에 있어서 많은 변화를 수반한다는 데 더 큰 의미가 있다. 고령화사회에서는 고용, 문화, 산업구조 등이 새롭게 변화하기 때문이다.

우리나라 노인인구는 1년에 42만 명이 늘어나고 한 해 출생되는 아이는 32만 명에 그치고 있다. 이처럼 출산율 저하는 생산 인구의 감소로 직결되고, 인구의 고령화는 사회적 비용의 증가로 이어진다.

생산가능인구는 줄고 부양해야 할 노인 인구는 많아지기 때문에 경제 성장에 지장을 초래하는 것은 물론, 미래 젊은이들에게 큰 경제적 부담을 안기게 되는 것이다. 이것은 노동력 공급 감소, 노동생산성 저하, 노령인구 증가에 따른 소비위축, 투자위축, 재정수지 악화 등을 초래하여 경제 성장을 둔화시킨다.

이처럼 저출산·고령화 현상의 심화로 인해 전통사회에서의 '사적 부양'이나 또는 현대국가에서 '사회적 부양' 방식에만 의존하는 노인복지가 더 이상 지속되기 어려운 상황이 만들어지고 있다. 그러나 우리나라의 노인층은 아직 사회보장제도에 의한 소득보장도 제대로 이루어지지 못하고 있다.

초고령사회 진입을 목전에 둔 우리나라는 2017년 기준으로 65세 이상 노인의 절대적 빈곤율이 26%이고, 상대적 빈곤율은 45.7%이다. OECD 회원국 중 압도적 1위이다. 이는 생산가능인구의 축소, 연금의

재정건전성 악화, 빈곤노령계층의 증가로 인한 복지재정부담증가, 세대 간 소득갈등의 악화로 사회적 통합성의 취약화 등을 유발하게 된다.

노인을 부양의 대상 객체로서가 아니라 사회적 활동의 주체로 설정하는 패러다임이 필요하다는 관점에서, 노인의 경제활동 참여지원이 지속가능한 발전을 위해 필수불가결한 요소가 되고 있는 것이다. 따라서 노인에게 연금 등 소득보장체계를 확충하는 것과 아울러 노인의 일자리를 창출하는 공공의 체계적 프로그램이 중요한 의미를 가진다.

— 지식과 경험을 습득한 '가치 있는 인간'

2013년 65세 이상 인구비율이 21.1%에 달했던 독일은 노년층에 대한 정의를 '도움을 필요로 하는 존재'가 아니라 '지식과 경험을 득한 가치 있는 인간'으로 재조명한 바 있다. 오늘의 노인들은 우리나라를 세계 경제 11대 대국으로 만든 지혜와 전문지식, 경험, 노하우를 가지고 있다. 앞으로 다가올 초고령사회에 대비한 노인특성에 맞는 노인일자리 창출 및 사회활동지원 사업을 확대할 필요성이 대두되고 있다.

그러나 통계청 자료에 의하면, 2008년 2월부터 2017년 2월까지 (10년간) 60~64세 실업자가 2.4배 증가했지만 65세 이상의 실업자는 10.9배나 증가했다. 노인이 되면 그만큼 노동 현장 밖으로 밀려날 수밖에 없게 된다는 뜻이다. 65세 이상 노인이 되면 84%가 비경제활동인구가 되는 만큼, 베이비부머 세대에 대한 대책은 더 필요한 것이다.

경험과 교육을 통해 습득한 지식을 가진 노인이 다양한 계층을 대상으로 자신의 경륜과 지식을 전달함으로써, 세대 간 문화전승의 효과를 살리고 교육대상자의 능력을 향상시키는 일자리 사업 창출이 절실하다. 노인이 가진 잠재력을 활용할 수 있는 여건을 만들어줘야 한다. 저출산과 고령사회로 노동력이 절대적으로 부족해 노인을 활용할 수밖에 없으므로 이들을 현장으로 이끌어낼 수 있는 대책이 필요하다.

노인일자리사업은 취지와 맞게 어르신들의 경제적 소득은 물론 사회적 관계와 같은 삶의 질 향상에 큰 도움이 되는 것으로 나타나고 있다. 따라서 실질적인 소득이 보장되는 안정된 일자리를 만들기 위해서는 시장형사업을 비롯해 민간분야의 노인일자리 창출을 더욱 확대해야 한다는 목소리가 높다. 이와 함께, 노인일자리사업 내용의 단순성과 획일성을 탈피하려는 노력도 중요하다는 지적이다. 그러나 현재는 노인일자리가 수요보다 공급이 부족함에 따라 노인빈곤 예방 기능에 한계가 왔기에 노인을 위한 소득보장 제도를 한층 강화해야 한다.

─ 노인일자리 창출 '총괄적 세부적' 묘책

노인일자리 창출에 '거시적 총론적 대안'은 우리 사회의 연령 통합성을 제고하기 위한 노력이 선행되어야 한다는 점이다. 전문가들은 기존의 전통적인 연령과 세대 구분의 사회적 패러다임의 전환을 촉구한다.

현재 우리 사회는 모든 정책과 제도가 노동을 준비하기 위한 교육 단계인 청소년기와 노동의 시기인 중년기, 은퇴 후 사회로부터 분리되어 여가를 즐기는 노년기라는 엄격한 구분에 기초한 연령 분리적인 사회라는 것이다.

이러한 사회 구성은 고령화가 진행되기 이전에 구축된 연령에 따른 교육, 노동, 여가의 구분 체계에 기초한 것으로, 고령화시대의 '선택적 친화력'을 갖는 사회 구성 원리가 아니다. 이를 위해서는 제도 전반에 연령으로 인한 진입 장벽을 완화하여 연령 유연성을 제고하고 다양한 연령층이 상호작용할 수 있는 연령 다양성 확장이 이루어져야 할 것이다. 연령 통합적인 사회를 지향하는 사회의 패러다임 전환에 한층 박차를 가해야 한다는 의미이다.

이어 '세부적 실천적 각론'에서는 다음의 입체적 방안이 제시된다. 우리 사회는 그동안 진행된 노인일자리사업을 통해 사회적 비용의 절감과 노인층의 삶의 질 향상이라는 긍정적 변화를 생생히 목도하고 있다. 그럼에도 현재의 노인일자리 사업 운영체계는 참여자의 욕구나 능력에 맞게 일자리를 연결시키지 못하고 있다.

이에 2001년 보건복지부가 노인의 사회적 경험과 지식을 활용할 수 있는 다양한 일자리를 개발하고, 참여 여건을 조성하여 노인층의 삶의 질 향상을 목적으로 시작된 지역사회 시니어클럽의 기능을 확충하면서 한층 다원화해야 한다.

시니어클럽이 단순히 일자리 창출기관이 아니라 지역 노인들이 자신의 다양한 경험·재능·전문성 등을 바탕으로 사회활동에 참여할 수 있도록 노인에 대한 빅데이터를 관리하고 다양한 활동 프로그램을 제공하는 기관으로 재편돼야 한다.

이의 현실적 대안은 노인일자리 사업의 컨트롤 타워 기능을 할 수 있는 고령자 취업에 관한 정보 통합네트워크 구축이다. 이 통합센터는 수행기관과 고령자를 고용하고자 하는 기업 등의 인력정보를 공유해야 한다. 또한 체계적인 재교육훈련, 새로운 일자리 개발 및 사후관리 등을 원스톱으로 제공하는 역할을 수행해야 한다. 아울러 사회적 일자리 창출사업, 사회서비스사업, 자활사업, 고령자고용촉진사업, 기초노령연금제도 등과의 연계가 이루어지도록 종합적인 정책 재조정도 필요하다.

우리 사회의 전반적인 노동시장 변화가 이루어지기 전까지, 노인층은 노동 시장에서의 위상이 불리한 상황이다. 노인 경제활동 지원 정책이 충족되려면, 교육 수준이나 건강 상태와 같은 노인의 다양한 특성을 고려해 근로 조건·내용의 다양화에 준한 정책 개발에 한층 박차를 가해야 하다

9

Column

대기업과 중소기업
'동반성장 상생전략'

— 대기업과 중소기업 간 '임금격차' 심화

한국의 산업화는 정부주도, 수출, 대기업 중심의 성장으로 요약된다. 중소기업은 대기업의 부품 공급자의 역할을 수행하며, 한국경제의 지속적인 성장을 떠받쳤다. 대기업은 수출을 주도했으며, 중소기업은 주로 내수에 의존하며 성장했다. 그러나 한국 경제발전의 견인차 역할을 충실하게 수행해온 중소기업의 위상과 현실은 어떠할까?

2019년 4월 21일 중소기업연구원이 발표한 '한국과 일본의 대·중소기업 간 임금 격차 비교 분석' 보고서에 따르면 지난 2017년 국내 1~4인 영세기업 근로자의 평균 임금은 500인 이상 기업 근로자의 32.6%에 불과했다. 대기업 근로자가 월 100만 원을 받을 때 4인 이하 영세기업 근로자는 월 32만6,000원을 받는다는 의미다.

그러나 일본의 경우는 2017년 일본의 1~4인 영세기업 근로자의 평균 임금은 500인 이상 기업 근로자의 65.7%로 집계됐다. 5~9인 기업은 77.1%, 10~99인 기업은 83.3%, 100~499인 기업은 87.8%로, 대기업 대비 중소기업 규모별 근로자의 평균 임금 수준이 한국보다 높았다.

통계청이 2017년 기준 전체 영리법인 66만6천163개를 분석한 결과 대기업수은 전체 기업의 0.3%에 불과하지만, 전체 매출의 48.0%, 영업이익의 61.0%를 차지했다. 반면 전체 기업수의 99.1%인 중소기업은 전체 매출의 37.9%, 영업이익의 25.1%를 차지했다. 고용노동부 자료에 따르면, 대기업 임금과 비교해 중소기업 임금은 2015년 약 62% 수준이었다. 국내 주력 산업인 제조업만 보면 약 54%까지 떨어진다.

중소기업연구원에 따르면, 일본(77.9%), 영국(76%), 미국(76%),

독일(73.9%), 캐나다(71.1%) 등 주요 선진국 중소기업 근로자는 대기업 임금의 70~80%를 받는 것으로 나타났다.

중소기업은 매출뿐만 아니라 생산성에서도 현저한 차이를 보이고 있다. 우리나라 중소기업은 80% 이상이 납품형태로 대기업과 거래관계가 이루어지고 있다. 그러나 중소기업의 생산성 수준은 대기업의 32.4%에 불과한 것으로 분석된다.

— **대기업 위주 '성장주도 발전모델' 한계**

외환위기 이전에는 대기업에 국가 자원을 몰아주고 대기업이 산업성장을 주도하는 발전모델이 유효했다. 대기업의 투자 확대가 위계적 분업구조에 있는 중소기업의 성장과 일자리 창출을 유발하고, 이를 통해 가계소득을 증가시키는 선순환이 이뤄졌다. 그러나 외환위기를 계기로 선순환의 고리는 약화하는 반면 대기업 위주의 성장은 빈부의 양극화와 고용 부진만 부추기고 있다.

대기업이 돈을 많이 벌면 그 돈이 중소기업과 근로자로 흘러가 국가 전체가 발전한다는 '낙수효과'에 대한 믿음도 흔들리고 있다. 이는 대기업이 번 돈을 중소기업과 나누지 않고 오히려 단가 인하 등을 통해 노동 위험과 비용을 납품업체에 전가하는 '갑질'을 일삼기 때문이라는 분석이 나온다.

이처럼 대기업과 중소기업의 양극화는 수익의 불균형을 가져와 건강한 기업 생태계 조성에 심각한 걸림돌이 되고 있

다. 특히 대기업과 중소기업 간 임금 격차는 비제조업보다 제조업에서 더 크게 벌어지는 것으로 나타났다. 근로자의 학력 등 개별 특성과 원청과 하청기업 여부, 성과급 지급 여부 등이 임금 격차를 확대하는 요인으로 꼽혔다. 그럼에도 대·중소기업 간 격차를 줄이기는 쉽지 않다. 자본, 기술, 연구개발, 경영 혁신 면에서 중소기업은 대기업을 따라잡기 매우 어렵기 때문이다.

중소기업은 전체 기업의 90% 이상을 차지한다. 전체 근로자 약 1천600만 명 가운데 88%가량이 중소기업에서 일한다. 대기업 편향적인 경제정책에서 탈피해 중소기업을 성장시키고, 임금 격차를 해소하기 위한 적극적인 노력 없이는 저성장의 늪에 빠진 우리 경제가 활력을 찾기 어렵다. 경제력이 대기업에 집중되면서 불공정경쟁과 시장지배력 남용 등으로 중소기업과 신생기업이 성장할 공간이 위축되고 경제혁신이 늦어진다고 전문가들은 지적한다.

— **글로벌 경쟁 '상생의 중요성 부각'**

대·중소기업 간 동반성장을 위한 상생이 산업계의 화두로 대두되고 있다. 4차 산업혁명 시대 도래 등 글로벌 시장에서의 경쟁이 날로 치열해지는 상황에서 대기업과 중소기업이 힘을 합쳐야 살아남을 수 있다는 위기감이 상생의 중요성을 부각시키고 있다. 상생 협력이 대기업이 중소기업에 주는 일시적인 시혜 차원의 문제가 아니라 글로벌 경쟁에서 살아남기 위한 생존 문제와 직결된다는 인식이 강하다.

2006년에 제정된 '대·중소기업의 상생협력법안'은 대기업과 중소기업의 경쟁력을 높이고 양극화 해소를 통한 동반성장을 달성함으로

써 국가경제의 지속적인 성장기반을 마련하는데 그 목적을 두고 있다.

먼저 상생협력의 일환에서 '성과공유제'에 대해 알아본다. 이 제도는 대기업이 수탁·위탁거래를 맺고 있는 중소기업과 공동목표를 수립·달성하고 그 성과를 공정하게 나누는 제도를 말한다. 성과공유제는 원가 절감, 품질 향상을 비롯한 대기업과 중소기업 간 모든 형태의 협력 활동을 성과로 본다. 특히 원가 절감이 되면 제품 판매 가격은 저렴해져 더 많이 팔릴 수 있다. 그러나 성과공유제를 도입한 중소기업 협력업체는 이 제품 판매에 따른 이익은 공유할 수 없다.

다음으로는 '협력이익공유제'의 첨예한 대립이다. 협력이익공유제는 2018년 11월 6일 중기부가 시범 도입을 알리며 시행됐다. 문재인 정부의 100대 국정 과제인 협력이익공유제가 재계의 반발로 국회

문턱을 넘지 못하면서 1년 넘게 시범사업에만 머무르고 있는 것이다.

'협력이익공유제'는 위·수탁기업간 협력 관계를 맺고 물품 등을 판매해 발생한 재무적 성과를 사전 약정에 따라 공유하는 협력 모델이다. 원가절감으로 발생한 '제품 판매 수익'을 대기업과 협력업체가 공유하도록 하는 것이다. 원가절감분만 분배하는 성과공유제와 구별되는 부분이다. 가장 큰 차이는 성과공유제가 제조 등 생산 활동에 소요되는 비용을 '최소화'하는데 중점을 둔다면, 협력이익공유제는 협력사와 대기업이 힘을 합쳐 이익을 '최대화'하는데 집중한다는 점이다.

이처럼 상생 협력을 통한 성과공유 강화는 단기적으로는 최저임금 상승 등 비용 상승에 따른 중소 협력 업체의 부담을 덜어주는 데 도움을 줄 것이다. 또한 중·장기적으로는 중소 업체들의 경쟁력을 높이고, 그러한 중소 업체의 협조 속에서 대기업들도 더 좋은 품질의 제품을 보다 낮은 원가로 생산할 수 있게 되는 '혁신 성장'의 밑거름이 될 것이다.

— '상생전략의 연착륙' 핵심 요체는?

그동안 우리 경제가 고도성장을 거듭할 수 있었던 여러 요인 중 하나는 경제의 두 수레바퀴라 할 수 있는 대기업과 중소기업이 긴밀하면서도 수직적인 의존관계에 있었기 때문이다. 그러나 이제 우리 사회의 대기업과 중소기업, 수출기업과 내수 기업 간 양극화 현상은 단기적으로 경기변동에, 장기적으로 성장잠재력에 부정적인 영향을 미치게 된다.

그동안 반도체, 자동차 등 제조업에서 세계적인 경쟁력을 갖출 수 있었던 배경에는 대기업과 협력업체(중소기업) 간 상생의 역할이 컸다. 고속 성장기를 지나 지속 가능한 성장구조로 한 단계 더 도약하기 위해 상생경영이 중요하다.

대·중소기업 간 공동개발 협력 체계가 연착륙하려면, 협력 파트너 간 전략 및 자원의 적합성, 명확한 역할분담 및 원활한 의사소통, 신제품개발로 인한 사업성과 이익의 공유 등이 합리적으로 이루어져야 한다. 또한 협력 기업 사이에서는 공동 테스트베드 공유, 공동 마케팅 전략 구축, 공동 판로 개발 등을 통해 상생의 판을 만들어야 한다.

정부의 조달시장 진입장벽 또한 중소기업에겐 아주 장애가 높은 벽이다. 시장에서의 건전한 경쟁을 지원하고 기술력과 경영능력을 가진 중소기업이 정부 조달에 쉽게 참여할 수 있도록 제도를 정비하여야 한다.

10 Column

사회 통합의 핵심
'비정규직 감소대책'

— '정규직 대 비정규직' 과도한 임금격차

근로자는 크게 정규직과 비정규직으로 구분할 수 있다. 같은 업무와 직책을 맡고 있어도 정규직과 비정규직은 여러 면에서 상당히 차이가 난다. 가장 기본적인 급여에서부터 수당, 휴가 등에 정규직이 훨씬 더 나은 조건을 가지고 있다. 비정규직 근로자의 개념에 대해서는 국제적으로 통일된 기준은 없지만, 경제협력개발기구(OECD)는 고용기간이 짧은 유기계약근로자(temporary worker), 시간제근로자(part-time worker) 및 파견근로자(temporary agency worker) 등을 비정규직 근로자로 간주하고 있다.

2019년 10월 29일 통계청이 발표한 '동년 8월 근로형태별 경제활동인구조사 결과'에 따르면, 비정규직 근로자가 700만 명을 넘으며 사상 최대치를 기록한 가운데, 정규직과 비정규직의 임금격차도 143만

6,000원으로 관련 통계 작성 이후 최대치를 기록했다. 정규직·비정규직의 월평균 임금은 증가했지만, 비정규직 근로자의 임금 수준은 정규직의 약 55%에 그쳤다.

고용노동부의 근로실태조사 결과를 보면, 2018년 6월 기준 중위임금의 3분의 2 미만 임금을 받는 저임금근로자 비중은 19%로 나타났다. 저임금근로자 비중 추이는 2008년 25.5%를 기록한 이후 2011년 23.8%, 2013년 24.7%, 2016년 23.5% 등 큰 변화가 없었다. 2017년에는 22.3%였다. 정부는 2018년 최저임금이 16.4% 인상되면서 이런 상황이 나타난 것으로 판단하고 있다. 이번 조사에서 파견·용역 등 가장 열악한 비정규직 노동자들의 임금은 상대적으로 더욱 낮은 것으로 나타났다.

그간 대기업들은 시장에서의 가격경쟁력 확보를 위해 일명 '납품단가 후려치기' 등을 통해 비용부담을 하청기업에게 전가시켜 왔다. 따라서 중소기업들은 대기업의 요구를 맞추기 위해서 비정규직을 고

용할 수밖에 없는 게 현실이었다. 현재 비정규직의 93.2% 정도가 300 인 이하 중소사업장에서 일하고 있는 것은 그간의 대기업과 중소기업 간의 불공정한 거래관계를 단편적으로 보여준다.

— 2006년 11월 '비정규직 보호법' 통과

비정규직이 사회 문제로 대두하기 시작한 건 외환위기 이후다. 비정규직은 1997년 IMF 외환위기 이후, 본격적으로 도입된 인력 고용 형태다. 1998년 출범한 노사정위원회에서 근로자 파견제와 정리해고제 확대 방안이 타결됐다. 정리해고의 사유를 보다 광범위하게 적용하고, 파견근로제의 법적 기반을 마련해 구조조정 작업에 속도를 내려는 것이었다. 위기 타개를 위한 불가피한 선택이었지만, 이때를 기점으로 노동시장 양극화가 심각해진 것 역시 사실이다.

비정규직은 정년이 보장되어 있지 않기 때문에 정규직에 비해 고용 여건이 안정적이지 못하다. 정규직에 비해 임금수준이 낮고 근무조건이 좋지 않은 등 차별이 심하다. 여기에서 문제의 핵심은 정규직에 비해 낮은 임금이 초래하는 소득불평등 및 빈곤 심화라고

할 수 있다. 이는 사회통합을 저해하고 불안을 조성하는 요인이 된다.

특히 최근에는 부모세대가 비정규직이면 자녀도 비정규직이 될 가능성이 높아지는 비정규직 대물림 현상까지 발생하면서 사회양극화의 주요인으로 지목되고 있다. 한 번 비정규직이면 아무리 교육훈련을 받았다고 하더라도 계속 비정규직일 가능성이 높고, 부부가 맞벌이 하지 않으면 생활이 어렵다. 이에 따른 양극화 양상이 심화되어 사회문제로까지 비화되기에 비정규직 해소가 사회통합의 최대 관건으로 떠오른 것이다.

2006년 11월 30일 '비정규직 보호법'이 국회에서 통과되어 2007년 7월 1일부터 300인 이상 사업장에 적용되었다. 비정규직 보호법은 기간제 및 단시간근로자 보호 등에 관한 법률, 파견근로자보호 등에 관한 법률, 노동위원회법 등 비정규직보호 관련 법률을 통틀어 이르는 말이다. 당시 4년 만의 진통 끝에 국회를 통과한 비정규직 보호법은 노사정간 사회적 대타협의 산물이다. 사회 양극화의 대표적인 사례인 비정규직에 대한 부당한 차별을 금지하고, 고용감소나 더 나쁜 일자리로 전락하는 것을 막고 노동시장의 유연성은 훼손하지 않는 범위에서 합의된 것이다.

그럼에도 비정규직은 때론 계약직·파트타임·외주용역이란 이름으로 우리 주위에 점점 증가하고 있다. 비정규직은 항시 고용불안에 시달려야 하고 저임금으로 많은 시간을 일해야 하지만, 취업하기 어려운 현실에서 비정규직 노동자들은 묵묵히 최선을 다하고 있다.

─ '차별받지 않는 노동시장' 구축에 박차를

사람들이 생각하는 '정규직'이란 '사회적으로 안정된 일자리'에 종사하는 것을 시사한다. 정규직에 대한 보편적인 인식은 "고용안정성이 있고, 처우가 동종 업계 또는 같은 조직 내 동일 업무 노동자들과 비교할 때 차이가 없고 승진이나 복지 등 각종 혜택 대상에서 배제되지 않는 일자리"로 인식된다. 정규직은 정년까지 고용이 보장된다는 것이 장점이다. 근로계약기간이 정해진 것이 없기 때문에 회사가 없어지지 않는 한 정년까지 근무할 수 있게 된다. 또한 임금, 휴가, 상여금 등의 각종 복지혜택을 모두 받을 수 있다.

그러나 기업의 환경과 여건을 감안하지 않을 수 없다. 종업원 수가 적고 새로 설립한 기업은 사업의 성장 여부가 불투명한 현실에서 모든 직원을 정규직으로 채용하여 운영하기에는 제반 여건이 녹록치 않다. 일정 규모가 있는 기업의 경우에도 비슷한 고민이 있다. 임시로 맡겨진 업무, 계절적으로 늘어나고 줄어드는 업무, 경기의 변화에 따라 일시적으로 늘어난 업무를 맡아줄 인력이 필요하다. 그렇지만 이들을 모두 정규직으로 고용할 수도 없다. 따라서 고용의 유연성 확보도 적정선에서 필요한 것도 현실이다.

회사의 계속 고용에 보장이 없는 대부분의 기간제 혹은 파견 근로자는 최대 계약 기간인 2년이 되기 훨씬 이전부터 마음은 현 직장을 떠나고, 새 직장을 찾게 된다.

이러한 현상을 막기 위해서는 첫 번째로 기존 정규직과 똑같은 정규직으로의 전환이다. 하지만 이 경우 기존 정규직과 같은 급여와 처우를 해줘야 해 기업의 부담이 커지고 기존 정규직의 이견이 전무하기는 어려운 실정이다. 두 번째는 기존 정규직과 다른 새로운 정규직 직군을 신설하는 방법이다. 이 경우 기존 정규직보다 다소 낮은 급여를 지급해도 돼 기업 입장에서 부담이 덜한 측면이 있다.

'비정규직 보호법'이 발효된 지 10년이 경과한 2017년 5월 촛불집회의 승리로 대통령에 취임한 문재인 대통령은 첫 외부일정으로 인천공항공사를 찾아가 '공공부문 비정규직 제로시대'를 선언했다. 당시 현장간담회에서 "상시·지속적 업무, 생명·안전 관련 업무는 정규직으로 직접 고용해야 한다."며 "임기 내 공공부문 비정규직 제로시대를 열겠다."고 천 명했다.

정부는 대기업과 중소기업의 상생을 통한 차별없는 노동시장이 되도록 먼저 정책적 지원이 선행되어야 할 것이다. 고용주가 최저임금을 준수하도록 하고 정규직과 비정규직의 임금 격차 해소 및 근로조건이 차별받지 않도록 하는 것에 정책의 우선순위를 두어야 할 것이다.

또한 파견이나 용역근로자를 고용하는 아웃소싱의 경우도 동일 직종 근로자의 임금과 처우가 동등하게 대우받는 방향으로 강제해야 한다.

비정규직 근로자를 차별하거나 남용하게 되면, 경제 전체의 인적자원개발이 위축되고 고갈되어 결국 노사 모두가 공멸하는 비극으로 귀결되기에 '노사정'은 현재의 여건 내에서 최대한의 중지를 모아야 한다.

11

Column

'기업부채 폭증세'
매우 심각

— 부채 상승폭이 큰 국가 '한국 3위'

엄청난 글로벌 기업부채로 인해 세계 경제가 초대형 쓰나미를 겪을 수 있다는 우려가 연일 보도되고 있다. 세계은행과 국제통화기금 등은 올해 세계 경제의 최대 리스크로 '글로벌 부채 상승'을 꼽았다.

현대경제연구원은 올해 1월 12일 '2020년 글로벌 10대 트렌드' 보고서에서 금년 예상되는 10가지 트랜드 중 하나로 '부채 산사태'(Debt Landslide)를 꼽았다. 2019년 11월 11일, 한국금융연구원은 2020년 세계경제 둔화론이 대두되면서 기업부채의 부실화, 금융사의 자산건전성 악화 등 글로벌 금융시장의 리스크가 커지고 있다고 지적한다. 재무 구조가 취약한 기업일수록 코로나19의 작은 충격에도 신용등급 하락과 채무불이행의 위험에 내몰리며 파산과 해고 등으로 심각한 경제 침체를 초래할 것이란 적색 경고음이 잇따르고 있다.

국제결제은행(BIS)과 국제통화기금(IMF)에 따르면, 전 세계 국내총생산(GDP) 대비 기업부채 비율은 2019년 1분기 현재 93.7%에 달한다. 5년 전(2014년 1분기) 88%보다 5.7% 늘어났다. 특히 이 비율이 90%를 넘어서면 과다한 부채 자체가 성장세를 제약할 수 있다고 본다. 특히 신흥국들은 기업부채 비율이 100.6%로 선진국(89.4%)을 훌쩍 넘어 심각한 수준에 달한 것으로 조사됐다. 2008년 글로벌 금융위기 이후 성장률은 낮아졌지만, 주요 선진국이 기준금리를 계속 내리면서 빚은 계속 늘어난 결과다.

이제 한국에만 국한하여 기업부채 현황의 심각성을 파악하여 보기로 한다. 2019년 2·4분기 우리나라의 국내총생산(GDP) 대비 기업부채 증가 속도가 전 세계 43개국 중 3위를 기록하며 가파른 증가세를 나타냈다. 2019년 12월 29일 국제결제은행(BIS) 통계를 보면 동년 2·4분기 말 한국의 GDP 대비 기업부채 비율은 99.3%로 전 분기 대비 2.1% 상승했다.

가장 상승폭이 큰 국가는 싱가포르로 116.6%에서 119.5%로 2.9% 올랐다. 칠레가 전 분기 대비 2.2% 오른 101.3%를 기록해 2위로 나타났으며, 한국이 3위였다.

전반적으로 신흥국 부채는 기업부채를 중심으로 큰 폭 증가했다. 신흥국의 GDP 대비 '기업부채' 비율은 2009년 68%에서 2018년 92%로 증가했다. 국제통화기금(IMF)은 2019년 10월 금융안정보고서에서 "글로벌 기업부채가 금융위기의 뇌관이 될 수 있다."며 신흥국 중에서는 한국과 브라질·인도·터키 등의 금융기관이 부실 자산 위험에 노출돼 있다고 분석했다.

─ 각국의 '기업부채 현황' 심각

일반적으로 부채는 금리와 경기 사이클이라는 두 변수에 지대하게 영향받는다. 우선 금리가 낮고 유동성이 풍부하면 부채는 늘게 된다. 반면 금리가 상승하면 채무 상환 불이행으로 신용위기가 발생한다. 그런데 근래 글로벌 경기가 완만한 침체국면으로 접어들면서 금리가 상승할 가능성은 낮아졌다. 문제는 경기 요인이다. 글로벌 경기가 침체국면에 진입하면서 전 세계적으로 부채 리스크가 점점 커지고 있는 형국이다.

BIS(국제결제은행) 자료에 따르면, 글로벌 금융위기 당시 45조 4,000억 달러였던 전 세계 기업부채는 2018년 70조 7,000억 달러로 25조 3,000억 달러 증가한 것으로 나타났다. 국가별 GDP대비 기업부채 비중도 2008년 전 세계 평균 78.2%를 기록했으나 2018년 91.5%로 크게 늘었다.

먼저 우리의 최대 무역국인 중국의 기업부채 실상에 대해 알아보자. 2018년 6월말 현재 중국의 비금융기업들이 안고 있는 부채의 총액은 20.3조 달러로 중국 전체의 총부채액 33.1조 달러의 61%를 점하고 있다. 기업부채의 대 GDP 비율은 동년 6월말 현재 155%에 달하여 여타 주요국들, 즉 미국(74%), 독일(55%), 영국(84%)은 물론 일본(100%), 프랑스(143%) 등에 비해서도 높은 수준이다. 이 수치는 앞으로도 중국 기업의 부채 리스크에 가장 큰 영향을 미칠 쌍둥이 난제인, 미·중 무역분쟁협상과 코로나19 정국의 변화 여부에 등락을 거듭할 것이다.

중국과의 무역분쟁 종식 기미가 보이지 않은 미국 기업 실상 역시 매우 우울한 조짐을 보이고 있다. 최근 국제통화기금(IMF)과 연방준비

제도 등이 잇따라 미국 기업부채의 급증 위험성을 경고하고 나섰다. 기업부채의 양적 팽창과 질적 악화가 동시에 수반되고 있기 때문이다. 국제결제은행(BIS)에 따르면, 2019년 1분기 기준 미국의 기업부채는 15조 6,000억 달러로, 미 국내총생산(GDP)의 75%에 달해, 글로벌 금융위기 당시의 72%를 3% 초과했다. 또 영업활동을 통해 창출한 현금으로 채무의 이자도 갚지 못하는 기업이 전체의 36%에 달했다. 또한 미국 비금융기업의 이익률은 지난 2014년 말 15.7%로 정점을 찍고 지속적으로 하락, 2019년 2분기 현재 11.1%로 하락했다.

특히 에너지 회사들이 가장 타격이 클 것이란 분석이 다수이다. 최근 코로나19 정국에 따라 에너지 수요가 급감한데 따른 유가 폭락과 불안정성이 극심해지면서 이들 기업들은 대출금 상환 압박에 심하게 시달리고 있다. 특히 최근 수년간 저금리로 급격하게 차입을 늘린 미국 셰일업체들은 코로나19 위기와 최근 국제유가 폭락까지 겹치며 매우 심각한 위험에 직면해 있다.

― 기업 경영환경 악화 '한계기업 급증'

경기 불황으로 기업들의 투자는 급감했는데 빚이 증가했다는 것은 기업들이 이익을 내지 못하고 재무구조가 나빠졌기 때문이다. 2019년 기업 경영환경이 급속하게 악화되면서 상장기업 3곳 중 1곳이 적자를 내거나 영업이익으로 이자를 내기도 힘든 상황에 내몰렸다.

전체 기업에서 한계기업(이자보상비율이 3년 연속 1 미만인 기업)의 비중이 커진 것이다. 한계기업은 영업이익이 이자비용보다 적은 기업으로, 이자보상배율이 1 이하면 해당된다. 즉 영업해서 번 돈으로

이자도 못 낸다는 뜻이다. 2019년 3분기 기준 전체 1,410개 상장사 중 한계기업은 513개사(36.38%)에 달했다.

2013년부터 제조업 부문의 수익성지표가 크게 악화되고 있으며, 적자 제조업의 손실규모도 계속 상승하는 추세이다. 지금으로부터 5년 전인 2015년 기준 한계기업 3,278개 중 비교적 기업 규모가 크다고 할 수 있는 상장기업은 232개에 달했다. 이들 상장 한계기업의 매출액 합계는 71조3,545억 원이었다. 이는 당시 한국 국내총생산(GDP) 1,565조 원의 4.6%를 차지했다. 상장 한계기업이 고용한 직원 수는 정규직 9만200명, 기간제 5,285명 등 9만5,485명에 이른다.

지금처럼 기업들이 빚을 내어 빚을 갚는 상황이 계속되면 금리가 상승 기조로 돌아설 때 경제 전체에 연쇄적인 위험을 유발한다. 1997

년 외환위기도 기업들의 과도한 부채가 촉발했었다.

특히 성장이 둔화되고 저물가 기조가 지속되면 기업의 채무부담이 가중되어 중소기업을 중심으로 부도위험 수치가 매우 높아진다. 또한 대외수출여건이 악화될 경우 수출 주도형 기업의 수익성이 악화되어 부도위험에 직면할 가능성이 급상승할 것이다.

이에 관련 금융기관의 재무건전성 역시 연쇄적으로 악화될 가능성 역시 상존할 수밖에 없다. 따라서 일반 한계기업의 구조조정에 대해선 엄격한 신용위험도 평가를 토대로 부실징후기업을 선정하고, 구조조정을 적극적으로 추진한 은행이 경영평가에서 불이익을 받지 않게 해야 한다. 지금의 구조조정 위기 국면을 현명하게 극복하는 묘책을 찾으려면 지난 시간을 성찰할 필요가 있다. 1997년 정부가 국제통화기금(IMF)의 관리 체제에 들어간 이후 우리 기업은 고강도 구조조정으로 위기 타개를 모색했다. 수익성이 낮거나 사업 재편이 필요했던 기업에 대해서는 빅딜이나 정부 주도의 인수·합병 등을 통해 새로운 기업 회생방법을 모색했다.

12 Column

가계부채 '연착륙'
입체적 해법

— 가계부채 '사상 첫 1,600조 원 상회'

가계부채가 사상 처음으로 1,600조 원을 넘어섰다. 올 2월 25일 한국은행이 발표한 '2019년 4분기 가계 신용'에 따르면 2019년 말 기준 가계신용 잔액은 1,600조1,300억 원으로 전 분기 대비 27조6,000억 원(1.8%) 증가했다. 또한 한국은행이 2월 11일 발표한 '2020년 1월 금융시장 동향'에 따르면 주택담보대출은 전월 대비 4조3천억 원 늘었다. 이처럼 가계부채는 계속하여 증가 추세이지만, 현재는 그 폭이 다수 꺾인 양상이다

지난해인 2019년 가계신용 규모는 1~3분기 동안 35.9조 원 늘어나 2018년 같은 기간의 증가 규모인 63조 원의 60%에 머물렀다. 전년 동기대비 가계신용의 증가율로도 2019년 3분기에는 3.9%로 2018년의 5.9%에 비해 다소 낮아졌다. 2015~2017년 중 10%를 상회했던 것

에 비하면 가계부채의 증가 속도가 많이 하락했다.

더욱이 2019년 3분기말 비영리법인까지 포함한 넓은 범위의 개인부문 금융부채는 금융자산 대비 47.3% 수준으로 2015년의 44.7%보다는 높지만 2018년 말의 48%보다는 다소 감소했다. 현재 한국에서는 그 증가세가 다소 하강국면에 접어들었다고는 하나, 해외 국가들 역시 부채가 지속적으로 증가하여 우리만의 문제가 아님을 절감할 수 있게 한다.

— 미·중은 가파른 증가세

올해 2월 15일 미국 뉴욕연방준비은행 미시경제데이터센터 '가계 부채와 신용에 대한 2019년 4분기 보고서'에 따르면, 미국 가계부채 총계는 1.4%(1,930억 달러) 증가한 14조 1,500억 달러로 집계됐다. 이로써 가계부채는 22분기 연속으로 증가했다.

다음으로 중국의 가계부채는 국제결제은행(BIS) 통계에 따르면, 2017년 4분기 중국 가계부채 총 잔액은 39조9,670억 위안(약 7,000조원)에 육박하고 있고, '가계부채/GDP' 비율은 48.4%에 달하고 있다. 2019년의 3분기 중국의 가계부채는 국내총생산(GDP)의 57%에 달했다. 이는 2010년 27%의 2배 수준이다.

우려되는 점은, 가계부채와 가처분 소득을 대비한 비율이 급격히 높아지고 있는 현상이다. 중국 인민은행의 자료에 따르면, 중국 가정의 가처분 소득 대비 가계부채 비율이 2017년 93.4%에서 2019년 99.9%로 크게 올랐다. 2007년부터 2017년 기간 중, 중국 가계의 가처분 소득은 연 평균 12%의 경이적인 속도로 증가했지만 같은 기간 동안에 가계부채는 연 평균 무려 23%라는 초스피드로 폭증하였다.

— 가계부채 '북유럽' 덜 위험한 이유

서유럽국가들에 비해 북유럽 국가들의 가계부채비율은 매우 높은 편이다. 주요 OECD 국가들의 가계부채비율은 덴마크, 노르웨이, 스웨덴 등 북유럽 국가들이 상위권을 차지한다. 덴마크가 284%로 가장 높은 가운데 노르웨이, 스웨덴이 각각 227%, 179%이다. 이는 주요 선진국인 미국 113%, 독일 94%, 일본 132%를 크게 웃돈다.

북유럽 국가들은 공통적으로 1980년대에 금융자유화가 비약적으로 진전됐으며, 1990년대 들어선 금융혁신을 배경으로 모기지대출과 관련한 다양한 신상품들이 대거 등장했다. 이들 국가들은 주택금융에 대한 세제지원을 크게 강화해 주택보유이익에 대한 과세를 폐지하고 모기지대출 이자에 대해 큰 폭의 세금감면을 시행했다. 이에 저소득 계층 및 최초 주택구입자들의 대출시장 접근성이 크게 향상되었다.

하지만 북유럽 국가들은 경제적 충격을 일정 부분 흡수하고 조기에 복원할 수 있는 사회안전망과 금융·경제 시스템이 사전에 잘 구축돼 있어, 가계채무 리스크 부담이 대폭 낮아질 수 있는 여건을 구비하고 있다. 북유럽 국가들의 가계부채비율이 주요국보다 월등히 높아도 연금제도 발달, 양호하고 안정적인 경제시스템 등이 가계의 부채수요 및 채무상환능력을 잘 뒷받침해주고 있기 때문이다.

그러나 이들 국가와는 달리 우리 대한민국의 현실은 그렇지 못하다. 최근 우리나라의 가계부채비율이 계속하여 상승하고 있는 추세에서 한국도 이들 국가에 견줄 만한 시스템을 조속하게 구축해야 하는 도전 과제를 안고 있다.

─ 부채급증 근원의 '총체적 진단'

가계부채는 한국은행에서 집계한다. 정식 이름은 가계신용이다. 가계신용은 가계대출과 판매신용으로 구분된다. 가계대출은 또 주택담보대출과 기타대출로 나뉜다. 주택담보대출(모기지론)은 집을 구입하면서 주택을 담보로 빌리는 돈이다. 기타대출은 가계가 주택구입 외의 목적으로 대출받는 돈이다. 판매신용은 신용카드나 백화점카드, 할부금융을 이용해 상품을 구입할 경우에 해당된다.

우리나라의 가계부채 급증의 구조적 문제는 저금리 기조가 지속되고 부동산 규제 완화과정에서 주택 매입 수요와 공급물량이 늘어났기 때문이다. 즉 저금리 기조 지속은 차입비용을 낮추는 동시에 금융과 실물 자산 간 상대수익률의 큰 차이로 인해 가계부채가 확대될 수밖에 없다. 투자자산으로 주택을 선호하는 성향이 강한데다 공급 측면에서는 금융대출이 가계 중심으로 공급되면서 관련 부채가 가계에 집중된 것으로 풀이된다.

가계부채는 단순한 가계의 채무부담 자체에 국한되지 않는다. 자산구성, 저축, 투자 등 가계의 주요한 재무결정과 맞물려 있다. 가계부채의 증대는 금융자산의 감소로 소비와 저축에 영향을 미친다. 우리나라 가계부채는 부동산자산 취득을 위해 금융자산을 소진시키며, 대출을 활용함으로써 가계저축이 저하되는 특성이 있다.

여기에서 한 가지 주목해야 할 것은 저성장과 경기침체, 부실기업의 구조조정 등이 이어지면서 자영업 자금이나 생계비 마련 등을 위한 '기타 대출'의 가파른 증가세이다. 또한 가계부채 문제의 가장 큰 변수로는 인구구성 변화이다. 가계부채의 주된 당사자로 경제활동의 주축인 40~59세 인구가 계속 감소하고 비생산연령 인구증가로 재편되고 있다는 점이다.

― 주택소유 '패러다임' 이젠 바뀔 때

가계부채가 느는 것 이상으로 가계소득이 늘어나면 가계의 부채상환능력에 아무런 문제가 없다. 그러나 경기 부진이 장기화되면 가계대출 연체율이 계속하여 증대될 수밖에 없다. 특히 최근 몇 년간 수도권 지역을 중심으로 빠르게 상승해 왔던 부동산 가격이 하락세로 전환되고 경기부진이 가속화 될 경우 가계부채의 위험성은 극대화될 것이다.

현재 코로나19 사태로 주택가격 상승폭이 둔화되거나 하락세이지만, 국면이 호전되면 언제든 다시 폭증할 조짐이 잠재하여 있다. 그러나 우리나라는 미래소득이 보장된 북유럽 복지국가들과 달리 '주택가격 급락은 발생하지 않을 것'이라는 막연하고도 불확실한 기대에 의존하고 있다가, 주택가격 하락이 현실화될시 가계 경제에 미치는 충격은 매우 막대할 것이다.

정부는 단기적으로는 엄격하게 대출규제를 강화하면서 중·장기적으로 주택은 소유보다 거주 중심이라는 문화가 정착될 수 있도록 제도적 기반조성에 심혈을 기울여야 한다. 다중채무자나 저소득층등 가계부채의 취약 계층에 대해서는 실효적 지원방안을 강구해야 한다. 다중채무자는 정부가 이들의 보유주택을 매입해 임대주택으로 전환하는 등의 대안이 필요하며, 저소득층에게는 저리융자제도를 대폭 확대하는 정책을 강구해나가야 한다.

13 Column

'국제유가 하락'
진정 축복인가?

— 국제유가 20달러대로 '속사정'

올해 초만 해도 배럴당 60달러 선을 오르내리던 국제유가가 20달러대로 곤두박질쳤다. 3월 18일 뉴욕상업거래소에서 4월 인도분 서부텍사스산원유(WTI)는 전날보다 배럴당 6.58달러(24.4%) 떨어진 20.37달러에 마감했다. 선물거래소의 5월 인도분 브렌트유도 배럴당 3.85달러(13.4%) 하락한 24.88달러에 거래됐다. 지난해 WTI와 브렌트유의 평균 가격이 각각 57.04달러, 64.16달러였던 것과 비교하면 3분의 1 수준으로 폭락한 것이다.

국제유가 폭락은 신종 코로나바이러스 감염증 확산으로 각국이 공장 가동을 멈추고 이동을 제한하면서 석유 수요가 급감한 것이 1차적 원인이다. 세계 최대의 석유수입국인 중국의 경제활동이 코로나19 사태로 2월부터 상당 부분 중단되고 중국 외 지역으로 코로나19가 빠르게 확산되면서 국제유가 하급락이 가시화된 상황이다. 더욱이 산유국들이 증산 경쟁을 벌이면서 공급 과잉으로 구매처가 없다 보니 원유를 가득 실은 유조선이 정처 없이 바다를 떠돌고 있는 실정이다.

IEA(국제에너지기구)는 3월 세계 석유시장 전망 보고서를 통해 올해 세계 석유시장이 11년 만에 처음으로 마이너스 성장을 기록할 것으로 내다봤다. 코로나19 확산으로 전 세계 석유 수요가 급격히 감소하다 보니 일일 석유 수요가 2,000만 배럴 감소할 수 있다고 밝혔다. 전 세계 하루 석유 수요가 1억 배럴인 것을 감안하면 5분의 1이 남아도는 셈이다.

국제통화기금인 IMF도 세계경제 성장 전망치를 -3%(마이너스 성장)로 조정한데 이어 올해 평균 유가 전망치도 대폭 수정했다. 당초 올 1월에는 배럴당 58.03달러로 예측했지만, 최근 35달러로 하향 조정했다. 2014년 6월부터 2016년 2월까지 20개월 동안 75.6% 하락한 것처럼 국제유가 급락이 장기화될 수 있다는 전망마저 나온다.

— 　하락에도 '수요처 바꾸기 쉽지 않아'

현재의 증산 경쟁은 국제유가 폭락을 가속화해 산유국들의 경상수지 및 재정 건전성을 급격히 악화시키므로 감산 합의가 불가피하다. 또한 미국도 자국 셰일 오일 업계의 이익을 위해 유가 폭락을 막으려 개입할 것이 확실시된다.

우리나라는 대표 효자 수출품인 반도체와 자동차, 휴대전화가 전체 수출에서 차지하는 비중이 다 합해도 30%가 안 된다. 그런데 러시아는 전체 수출 가운데 원유와 가스가 차지하는 비중이 50%를 넘는다. 러시아가 가스와 원유에 얼마나 의존적인지를 알 수 있다.

사우디는 러시아보다 더 많이 석유에 의존하는 나라다. 사우디는 석유를 팔아서 나라 재정을 운영한다. 그 비중이 90%가 넘기에 석유 가격이 떨어지면 나라가 운영이 안 된다.

미국 에너지정보관리국(EIA)은 2019년 미국 전체 원유 생산량의 63%가 셰일 오일 자원에서 나온 것으로 추정했다. 2018년 미국은 러시아와 사우디를 제치고 세계 최대의 산유국으로 등극했지만 지난해부터 계속된 저유가와 과잉 개발로 셰일 기업들은 이미 막대한 빚더미에 허덕이고 있다. 결국 미국 셰일 기업은 줄줄이 생산량 감축을 결정했다.

여기에서 우리는 원유시장만의 독특성을 살펴볼 필요가 있다. 석유는 일반 상품과는 달리 가격이 싸다고 곧바로 구매처를 바꾸기가 어렵다. 그 이유는 정제 공장의 기계들 특성이 수입국의 원유에 최적화되어 있기 때문이다. 수입 지역마다 원유 성분이 동일하지 않아, 원유 도입처가 달라지면 원유를 정제하는 공장은 설비를 다시 조정하거나 심지어는 새로 바꿔야 한다. 그러니 다른 나라에서 원유를 싸게 판다고 갑자기 그 나라 원유를 수입하여 사용할 수는 없다.

— 오일머니 회수 '금융시장 다시 출렁'

요즘에는 저유가를 보는 시각이 예전보다 복잡해졌다. 과거 유가 하락 때처럼 원인이 수요나 공급 중 한쪽에만 있는 것이 아니라, 두 측면이 복합돼 있기 때문이다. 산유국은 감산합의로 원유 수출이 감소하고 수출단가도 하락하는 이중고에 직면한 데 이어 코로나19 극복을 위한 자금 수요는 증가하고 있다. 특히 사우디, 쿠웨이트, 카타르, 이란, 러시아 등은 전체 수출에서 원유판매 수입 비중이 70~80%

에 달해 저유가에 취약한 구조인데다, 설상가상으로 코로나19 확산으로 긴급 재정지출 수요가 급증하고 있다.

이들 산유국이 '오일머니(oil money)'를 회수함으로써 글로벌 유동성 공급자로서 역할을 축소할 가능성이 상당하다. 산유국들이 국제유가 하락으로 세계 곳곳에 투자됐던 오일머니를 회수할 경우 글로벌 금융시장의 불안감을 자극할 수 있는 조짐이 여력하다. JP모건은 올해 상반기 중동계 국부펀드가 2,250억 달러(275조 원) 규모의 주식을 매도할 것으로 전망한다.

4월 26일 국제금융센터에 따르면 11개 산유국이 해외에 투자한 오일머니의 규모는 약 5조~6조 달러로 추정된다. 그간 산유국은 오일머니로 안전자산인 미국, 일본, 독일 등 선진국 국채를 대거 사들였다. 무려 미국 국채의 외국인 보유액(6조7,000억 달러) 중 산유국 비중은 13% 수준에 달한다.

― 저유가, 이전과는 또다른 악재들

유가 하락에 따른 오일머니 회수의 악재 외에도 이전에 볼 수 없었던 특성들을 살펴보면, 유가 하락을 절대 반길 수만 없는 사정들이 상존한다. 원유를 전량 수입하는 한국은 오랫동안 저유가를 축복으로 여겼다. 가계 입장에서는 자동차 기름 값이 싸지고, 난방비 등이 저렴해진다. 기업들은 원자재와 물류비용의 단가가 낮아져 가격 경쟁력 확보에 유리해진다.

그러나 지금은 세계적으로 경기가 안 좋고 수요가 감소했기 때문에 저유가를 이용해 기업들이 제품을 싸게 만들어도 내다팔 곳이 없다. 특히 석유화학업계가 어려워지면서 수출 차질도 현실이 됐다. 석유화학과 석유제품의 2월 수출은 전년 동기 대비 각각 9.7%, 0.9% 줄었다. 이 두 부문이 전체 수출에서 차지하는 비중은 14%~15% 수준으로 약 18%를 차지하는 반도체에 육박한다.

중동 지역이 주요 고객인 해외 건설시장도 수주 실적이 급감했다. 해외건설협회에 따르면 3월 1일~20일 동안 국내 건설사들의 해외시장 수주 총액은 전년 동기 대비 79% 감소한 1억7,000만 달러에 그쳤다. 또한 해운 및 항공업계는 전통적으로 저유가의 수혜를 입는 업종이지만 코로나19로 사람과 물류의 이동이 봉쇄되면서 이를 기대하기도 어려워졌다. 상세하게 살펴보았듯, 이젠 국내 실물경제를 봐도 유가 하락의 혜택보다는 오히려 저물가의 장기화에 따른 디플레이션(경기 침체 속 물가 하락)을 더 걱정해야 할 처지다.

그러나 한 가지 반가운 소식도 들려온다. 초유의 저유가가 해운·조선업계의 코로나19 극복의 버팀목이 될 것이라는 전망이다. 저유가에 석유를 사두려는 수요가 늘면서 해상 물동량이 큰 폭으로 늘어날 조짐을 보이고 있어서다.

국제유가가 최근 배럴당 25달러 수준으로(평소의 1/3 수준) 폭락하자 정유회사와 에너지 에이전시들은 저가 물량을 확보해 수송하거나 바다 위에 보관하기 위한 유조선 수요가 급증했다. 해운·조선업계에 따르면 3월 17일 기준 유조선운임지수(ws)는 210.33을 기록했다. 코로나19 확산 본격화로 국제유가 하락이 시작된 2월 초보다 4배 이상 상승한 상태다.

글로벌 경기둔화 우려가 점증하고 유가 변동성이 확대되는 상황에서 유가 하락의 긍정적인 효과에 대한 기대치를 낮추고, 유가의 급속한 하락에 따른 제반 추이를 주시하면서 '금융시장 및 실물경제의 변동성 위험에 유의해야 한다.'는 것이 전문가들의 공통적인 권고이다.

14
Column

코로나19 팬데믹 이후
'식량난 도래 가능성'

─ 국제식량 가격 '가파른 상승세'

코로나19 사태로 식량 수출 제한에 나서는 국가들이 잇따르면서 글로벌 식량 위기에 대한 우려가 고조되고 있다. 최대 밀 생산 국가인 러시아는 지난 3월 20일부터 열흘간 모든 곡물 수출을 임시 제한했고, 세계 3위 쌀 수출국인 베트남은 3월 24일부터 새로운 쌀 수출 계약을 중단했다. 캄보디아도 4월 5일부터 쌀 수출을 금지했다.

국제 식량 가격은 벌써 가파른 오름세이다. 로이터 통신은 4월 2일 국제 쌀 가격 기준인 태국 백미 1톤 가격이 500~570달러(우리 돈 60만 ~70만 원)에 거래됐다고 보도했다. 2013년 4월 이후, 7년 만에 최고 가격으로 폭등한 것이다. 미국 시카고 밀 선물가격도 3월에만 8% 올랐다.

유엔식량농업기구(FAO), 세계보건기구(WHO), 세계무역기구(WTO)의 사무총장들은 4월 1일 공동성명을 내고 세계적 식량위기 가능성

에 맞선 국제적인 공동대응의 필요성을 호소했지만 수출제
한 조치 확산을 막기는 힘들어 보인다.

일단 최근의 식량위기는 수요와 공급의 불일치에 따른
것이다. '신종 코로나바이러스 감염증'의 여파로 국경 폐쇄,
이동 제한, 해운 및 항공업계의 붕괴 등으로 식량 생산과 운

송이 어려워져 대체 식량 자원이 거의 없는 나라들이 심각한 위기에 처할 수 있다는 적색 경고음이 연신 울린다.

유엔세계식량계획(WFP)은 최근 북한 등 49개국을 '신종 코로나바이러스 감염증'의 여파가 더 큰 '위기국'으로 지목했다. 보고서에 따르면, 아프리카 및 중동 지역 국가가 33개국으로 가장 많았고, 북한을 포함한 아시아 지역 국가 10개국이 포함됐다. 남미엔 6개국이 명단에 이름을 올렸다. 이들 49개국에선 약 2억1,200만 명이 고질적인 식량 부족을 겪고 있으며, 그 가운데 9,500만 명은 극심한 식량 부족 상태에 직면하여 있다.

— 식량증산 복병 '기후 변화'

인류의 생존과 직결되는 것은 '식량'이다. '석유, 금융, 부동산, 제조업' 등 경제적 위기는 고통을 감내하면 되지만 먹지 않고도 살아남을 수 있는 사람은 없다. 세계식량계획(WFP) 쉬란(Josttle Sheeran) 사무총장은 지금의 식량위기를 '침묵의 쓰나미'(a silent tsunami)라고 비유했다. 엄밀히 말하면 '식량 쓰나미'는 하루 이틀 사이에 끝나는 일이 아니어서 그 피해의 심각성과 범위는 자연의 쓰나미 이상이다.

2000년대를 기준으로 전 세계 식량의 총생산량이 총소비량보다 낮아, 식량 부족 현상이 나타나기 시작했다. 그 이전까지는 세계 총생산이 총소비보다는 많았지만 빈곤국 및 빈곤층의 식량부족과 기아문제가 심각하게 부각되었던, 소위 '상대적 식량위기'의 시대였다. 그러나 2000년대 이후로는 생산이 소비를 따라가지 못하는 절대적 식량위기까지 겹치게 되었다.

따라서 곡물가격이 상승하더라도 가격상승에 따른 공급증가는 그다지 많지 않을 것이라는 전망이다. 10%의 가격상승이 불과 1~2%의 공급증가를 가져오는 것으로 보고 있다.

이와 밀접한 상관성이 있는 것은 바로 기후변화이다. 기후변화에 대한 정부간 협의체(IPCC)는 지구 온난화가 밀과 옥수수 생산량에 부정적 영향을 주며, 이는 곡물가 인상으로 이어질 것으로 내다봤다. 연구결과 평균기온이 20세기보다 2도 이상 상승할 경우 2030년 이후 밀 생산량은 10년마다 2%, 옥수수 생산량은 1% 감소하며 수자원 확보에도 타격이 있을 것으로 예측했다.

전 세계 5억 명의 사람들이 이미 사막화되는 지역에 살고 있고, 토

지는 빠르게 유실되고 있다. 기후변화는 극단적인 기상 이변을 일으켜 식량 생산에 어려움을 초래하면서 이미 전 세계 인구의 10% 이상이 영양실조 상태에 직면해 있다.

　이처럼 기상 이변, 지구온난화 등 기후 변화로 인해 주 곡물산지의 기상여건 악화도 식량위기를 부채질한다. 기후변화는 생물 다양성, 인류의 건강, 식량 생산을 악화시킨다. 토지의 변화는 폭염, 가뭄, 호우 등 극한 기상현상의 빈도와 강도, 지속 시간에 지대한 영향을 끼친다.

한국도 식량위기 '무풍지대' 이니다.

　한국의 식량자급률은 2011년 기준 22.6%로 사상 최저치를 기록하였다. 우리나라는 경제협력개발기구(OECD) 국가 중에서 식량 해외 의존도가 가장 높은 국가다. 곡물 중에 쌀 비축에 여유가 있을 뿐이다. 그 외에 모든 식량은 해외 수입에 절대적으로 의존하고 있다. 특히 연간 밀가루 소비량은 180~190만 톤인데 이 중 99%가 수입이다.

국립식량과학원 분석에 따르면, 국내 곡물 수요는 지난 40년간 2배 증가한 반면 농업 인구는 85% 줄었다. 그 결과 같은 기간 수입량은 7.4배 늘었다. 2017년에도 세계 곡물 생산량은 전년 대비 2.4% 증가했지만 국내 곡물 생산량은 오히려 전년보다 6.2% 감소했다.

사료용 곡물 소비를 제외한 식량 자급률 역시 49.8%(2017년 기준)에 머물고 있다. 식량 자급률이 104.7%인 쌀을 제외하고 보리(24.6%), 콩(24.6%), 밀(1.8%), 옥수수(3.7%) 등 나머지 곡물은 식량 자급률이 매우 낮은 편이다.

더욱이 그간 한국의 농경지 면적은 1970년대 중반까지는 바다의 간척 사업 등으로 늘어났지만, 그 이후에는 공업화와 도시화의 진행으로 계속해서 감소하고 있다. 1975년 224만 ha였던 전국의 경지 면적은 2014년 170만 ha로 40년간 약 24% 줄어들었다, 이는 식량 경작지로 활용할 수 있는 유휴 농토가 계속하여 사라지고 있다는 것을 의미한다.

— '식량안보' 전방위적 대책 서둘러야

식량자급률이 23%에 불과한 한국의 입장에서 현재의 식량위기가 지속된다는 것은 큰 재앙이다. 에너지와 식량가격이 급등할 경우 국내에 미치는 악영향은 일본의 무역보복에 비할 바가 못 된다.

국제곡물시장은 기본적으로 가격변동이 심하다는 특징을 가지고 있다. 근본적 이유는 생산량 중에서 무역량이 차지하는 비율은 10~12%에 불과하기에 위기시에 대응 능력이 상대적으로 매우 취약하기 때문이다. 지금과 같은 식량위기 상황에서는 오히려 농산물무역의 자유화를 주장하던 곡물수출국들이 수출을 제한하는 모순이 연출되고 있다. 미국도 국내공급 부족시 행정부는 국내경제를 보호하기 위해 필요한 수출제한을 할 수 있도록 수출관리법을 '우루과이라운드' 이전에 이미 준비해놓았다.

식량위기와 가격폭등은 장바구니 물가와 생계비 부담을 가중시킨다. 이 때문에 빈곤층이나 저소득계층은 상대적으로 안전하지 않은 먹거리에 더 많이 노출되는 먹거리의 양극화가 발생하고, 이는 질병과 건강의 불평등으로 이어지며 사회적 의료비용의 증가를 가져온다.

이미 우리 곁에 일상으로 자리 잡은 식량위기에 대비할 수 있는 최선의 대안은 먹거리의 해외 의존도를 낮추고 국내 자급률을 높이는 것이다. 생산자인 농민이 농사를 포기하지 않고 영농이 지속가능하도록 소득과 가격의 안정을 보장하는 것이 가장 중요하다. 아울러 날로 심화되는 수출국의 수출 규제에 대응하여 품목별로 3~4개국 정도로 수입선을 다변화하는 일도 중요하다.

국가적인 농업정책 역시 큰 변화가 있어야 한다. 농업 전반을 농업인들에게 맡겨놓기보다는 국가가 책임감을 갖고 바이오농법, 순환 농법 등 장기적으로 지속가능한 농법을 개발할 필요가 있다. 아울러 식량주권, 먹거리 기본권을 실현하기 위해서는 국가 차원의 정책과 제도 역시 중요하지만 국민도 공동 생산자라는 인식을 갖고 지역먹거리(로컬푸드), 도시농업, 도농공동체 등과 같은 새로운 대안적인 영농 활동에 적극 참여할 필요가 있다.

15 Column

'전통시장 활성화'
갈길 멀다

— 전통시장 매출 급감 '대책 요원'

골목상권을 잠식하는 대형마트와 기업형 슈퍼마켓(SSM)의 등장으로 전통시장(재래시장)은 시민들의 발길이 점점 줄어, 지역의 소상인들의 생계마저 위협하는 심각한 수준에 이르고 있다. 이같은 현상은 어제 오늘일이 아니어서 그 매출 잠식을 조금이라도 줄이거나 늦추는 것 외에 뾰족한 대책이 없다는 것이 우리의 안타까운 현실이다.

특히, 맞벌이 부부의 증가에 따른 쇼핑 형태의 변화와 야간에도 영업이 가능해진 대형마트가 입점하면서 소비자들은 대형 할인점에 대한 매력과 호감이 상승할 수밖에 없고, 상대적으로 서비스가 떨어지고 상품의 교환, 반품 등 합리적인 구매 형태가 어려운 전통시장을 멀리하거나 외면하고 있는 것이다.

중기부에 따르면, 2006년 24조9,000억 원에 달했던 전국 전통시장

매출액은 2016년 21조8,000억 원으로 3조1,000억 원 감소했다. 소상
공인시장진흥공단의 자료를 살펴보면, 2006년부터 2016년까지 지난
10년간 전통시장·상점가 점포의 자가소유 비율은 2006년 28.4%에서
2016년 20.8%로 감소했다. 같은 기간 전통시장들의 평균 일 매출은
2006년 5,787만 원에서 2016년 4,988만 원으로 13% 이상 감소했다.
전통시장 내 점포에서 일하는 직원 수(주인 포함)도 줄었다. 2008년
한 점포에서 1.7명이 일했는데, 2017년 1.4명으로 감소했다. 비용절감
을 위해 직원을 줄이고 있는 것이다.

사정이 이러하니 전국 전통시장 수는 2006년 1,610곳에서 2017년
1,450곳으로 줄었다. 11년간 160곳의 전통시장이 사라진 것이다. 시
장경영진흥원의 조사에 따르면, 대조적으로 전국의 대형마트는 2005
년 265곳에서 2010년 442곳으로 늘어났다. 동 기관의 '2011년 전통
시장대책' 보고서에 따르면 기업형 슈퍼마켓 숫자는 4배 가까이, 매
출은 2배 이상 늘었다.

산업연구원 설문조사에서도 소비자들의 63.4%는 생필품·식재료의
주된 구입경로로 대형유통업체를 꼽았다. 반면 전통시장을 구입경로로
꼽은 소비자는 10.6%에 그쳤다. 이 같은 경향은 대도시보다 지방중소
도시에서 더 심했다. 수도권과 5대 광역시에서 전통시장을 생필품·식
재료 구입처로 꼽은 비율은 11.6%였지만 그 외의 지역에서는 8.6% 수
준이었다. 정부가 전통시장 살리기를 위해 2007년 이후 매년 2,000억
원 안팎의 혈세가 투입되고 있지만 여전히 전통시장은 고사되고 있다.

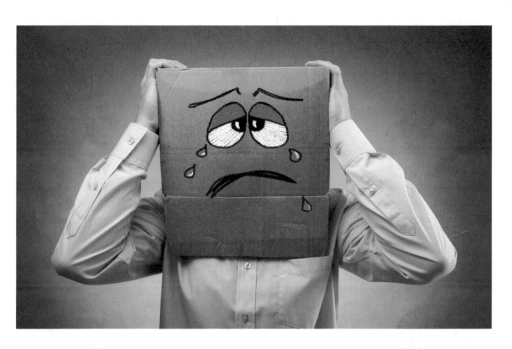

— '전통시장 불황' 매우 복합적 원인

전통시장이 어려움을 겪는 이유는 전통시장이 세련된 공간에서 다양한 제품을 구매할 수 있는 대형마트와 컴퓨터·모바일로 제품을 편하게 살 수 있는 온라인 쇼핑에 자리를 내어주면서 한층 어려움을 겪기 시작했다. 재래시장에서 파는 물건들은 온갖 품목들을 저렴하고 쉽게 구할 수 있는 인터넷 몰들과 외국 직거래 사이트, 구매대행 등의 확산에 재래시장의 경쟁력은 더욱 떨어지고 있다.

그리고 소비자들이 전통시장에 등을 돌린 또 다른 공통적 요인으로는 주차공간, 매장 공간배치, 친절함, 청결함 등이 대형마트에 비해 불편하다는 것이 주된 이유였다. 유독 재래시장은 일단 차를 갖고 가도 보통 재래시장의 근처에 적당한 주차공간을 찾기 힘든 경우가 많으며, 근처의 유료 주차장을 사용해야 할 확률이 높다. 그리고 처음 구입한 물건을 계속 들고 다녀야 하기 때문에 한번 크고 무거운 물건을

구매했다 하면 편안하게 다른 걸 쇼핑할 여유가 없어진다는 점도 전통시장 상권 몰락의 한 원인이다.

더욱이 전통시장의 내부적인 요인으로 전근대적인 유통구조, 영세성, 비효율적인 경영, 조직화 및 협업화 부족, 시설 낙후성 등의 이유로 그 경쟁력을 계속하여 상실해 가고 있다.

과거 우리의 전통시장은 상품매매를 하는 영업장소로서의 차원을 넘어 일정한 지역에 거주하는 주민 대다수가 공동으로 이용하는 공공시설의 성격이 강했다. 특히 주거지 인근에 위치하여 편리하게 이용할 수 있는 판매시설로써 그 효용성이 크게 인정되어 왔었다. 그러나 이제는 전통시장의 현격한 위축으로 지역주민들의 불편이 증가하고 장거리 쇼핑에 따른 사회적 비용의 증가를 초래하게 되는 바, 이런 차원에서 전통시장 활성화는 더욱 필요하다.

— **전통시장 연계 '도시재생 사업'**

재래시장은 오래 전부터 전래되어 오는 서민들의 삶의 터전이며 지난 수십 년간 지역경제의 버팀목 역할을 해왔다. 전통시장은 수많은 지역 영세상인들의 삶의 터전이자 지역주민들의 기초적인 소비생활 기능을 수행하며 유통업의 뿌리 기능을 담당하는 우리 경제의 기반이라는 사실을 인지한다면 더 이상 전통시장의 침체는 방치할 수 없는 중대한 과제일 수밖에 없다.

전통시장의 활성화는 우선 지역 경제적 측면에서 대단히 중요하다. 교통수단 발달에 따른 소비자의 이동성 증가로, 소비자들은 타 지역에 본사를 두고 있는 원거리 대형유통시설을 이용함으로써 소득의 역외유출이 확대되면서 지역경제의 기반이 약해지고, 지방 자치단체의 세수기반 또한 취약해지는 결과를 초래했다. 이는 전통시장 위주의 지역 유통구조를 지녔던 지방 중소도시에 더욱 심각한 영향을 주고 있다. 이는 해당지역 전체의 경제기반 강화를 위해서라도 전통시장을 반드시 활성화시켜야 한다.

그리고 전통시장은 도시 중심지에 있는 경우가 많은데, 노후한 전통시장은 그대로 방치하고 주변지역을 개발해 신도심으로 만드는 경우가 대부분이었다. 이런 경우 전통시장의 침체와 더불어 그 지역의 슬럼화를 촉진시켜 전통시장이 가진 지역주민 간 커뮤니티센터로서의 기능을 상실하게 되었다. 전통시장은 단순히 물건을 팔고 사는 곳 이상의 의미를 가지고 있다. 시장 내에 쉼터 등을 운영하고 주민간의 대화를 나누며 정보교환을 할 수 있도록 하여 문화의 공간으로도 자리매김 할 수 있도록 힘쓸 필요성을 한층 절감하는 이유이다. 이에 응당 구도심 도시재생사업 관점에서 시장상인과 지역주민간의 벽을 허물고 시장과 주거지가 상생하는 주상복합지로의 재탄생에 초점을 맞추어야 한다.

— 틈새전략 '그래도 희망은 있다'

정부는 지난 2002년 "중소기업의 구조개선과 재래시장 활성화를 위한 특별조치법" 제정을 시작으로 현재 "전통시장 및 상점가 육성을 위한 특별법"을 통해 전통시장의 시설과 상인의 경영면에 대한 지원을 아끼지 않고 있다. 그럼에도 불구하고 현재의 전통시장은 경쟁력이 취약하여 경영악화를 야기할 수밖에 없는 사회적 구조를 가지고 있어 전통시장의 합리적 개선방안이 요구되고 있다.

단순히 지역경제 살리자고 당장 전통시장으로 발걸음을 옮기는 사람은 그리 많지 않을 것이다. 전통시장과 대형할인점, 백화점 등과의 관계를 적대적인 경쟁관계로 보아서는 전통시장이 이들과 대응하여 경쟁하는 것은 매우 힘겨운 싸움이 될 것이다. 전통시장은 나름대로의 장점을 보유하고 있으므로 상호 보완하면서 각자의 전문분야를 특화시켜 고객을 유인할 수 있는 전략이 필요하다. 더욱이 지역의 전통시장과 상가는 지역 특유의 문화와도 깊이 연관되어 있는 만큼 이를 고려하는 것도 중요하다.

유통환경 변화에 대처하기 위해 점포경영 선진화, 고객응대 및 유치전략, 서비스 관리 등 전통시장의 장점들을 방문 고객들에게 총체적으로 제공하는 데에 한층 절실함을 가져야 한다. 찾아온 고객들에게 볼거리, 살거리, 먹거리, 즐길거리를 제공함으로써 다시 찾고 싶은 전통시장으로 변모해야 한다.

16
Column

___

골목상권 활성화
'도전 과제들'

— '활성화 대책' 적극 강구를

골목상권이란 '큰길에서 들어가 동네 안에 형성된 좁은 골목에 상업상의 세력이 미치는 범위'로 정의할 수 있다. 즉 대로변이 아닌 거주지 안의 좁은 도로를 따라 형성되는 상업 세력의 범주를 말한다. 서울시는 이러한 골목상권을 발달상권과 전통시장상권 영역을 제외한 점포를 기준으로 도로에 위치한 점포가 30개 이상인 영역으로 골목상권을 설정했다.

2000년대 이후 대형 유통업체의 골목상권 잠식 문제가 불거지며 중소상인들과의 갈등이 본격화했다. 대형마트에 이어 기업형 슈퍼마켓(SSM)이 골목상권에 진입했다. 중소상인들의 반발이 본격화되면서 유통산업발전법 개정 등으로 영업시간 제한, 격주 일요일 의무휴업 등 대형 유통업체에 대한 규제가 강화됐다.

언젠가부터 젊은 세대는 자신이 거주하는 곳에서 일하며 일상을 여유롭게 즐기고 이웃과 소통하는 삶을 선호하기 시작했다. 소비의 공간도 도심의 상업 지역에서 동네 상권으로 옮겨졌다. 거주지를 중심으로 사는 사람이 늘어나면서 거주지의 삶의 질이 아파트 브랜드만큼 중요해졌다.

그러나 이러한 시민의식의 세대적 변화와 맞물리는 현실에는 수많은 복병이 곳곳에 돌출되어 있어, 여전히 적지 않은 진통을 예고한다. 골목상권 소생과 활성화의 주축이어야 할 소상공인과 자영업자들의 척박한 위상은 현시점에 어떠한지 심각한 물음표를 제기하게 만든다.

— 대형마트 1곳에 '동네 점포 22곳 폐업'

먼저 한국경제연구원이 여론조사기관 리서치앤리서치에 의뢰한 조사결과를 소개한다. 올 3월 18일부터 23일까지 24개 주요 골목상권 업종의 금년 2~3월 중 평균 매출은 전년 동기대비 42.8% 급감하고, 평균 순이익은 44.8% 줄어들 것으로 조사됐다.

이번 조사는 24개 골목상권 업종(가구점업, 간판업, 과일가게업, 금은방업, 화훼업, 대리운전업, 떡집, 문구·음반업, 미용업, 부동산업, 사진앨범업, 세탁업, 슈퍼마켓, 여관업, 유통업, 연료·설비업, 의류점업, 인테리어업, 자동차수리업, 제과업, 주유소업, 철물·공구업, 음식점업, 택배업) 관련 협회·조합 정책담당자를 대상으로 이뤄졌다.

이보다 훨씬 앞선 2017년 5월 23일 '한국수퍼마켓협동조합연합회'는 서울 중소기업 중앙회에서 대기업의 골목상권 진출을 규탄했다. 이날 발표된 '대형마트의 골목상권 출점 현황 보고'에 따르면 경기 지역

이 144곳(28.8%)으로 가장 많았으며, 서울 85곳(15.8%), 부산 43곳 (8%) 등이었다. 신세계이마트는 수도권에서 156개의 점포가 출점해 수도권에서 가장 많은 점포수를 보였다.

또한 SSM은 롯데슈퍼 388개, 하나로마트 2,038개, 홈플러스 익스 프레스 422개, GS 슈퍼마켓 258개, 이마트 에브리데이 162개 등 약 3,300여 개에 달했으며, 편의점은 CU편의점 9,604개, GS25 편의점 9,529개, 세븐일레븐 8,556개, 위드미는 1,765개의 점포를 출점한 것 으로 집계됐다.

이들 업체는 한결같이 "신세계 이마트, 현대, 롯데 등 대기업 등으로 겉으로는 상생을 말하면서 무자비하게 골목상권에 진출하고 있다."며, "대형마트 1곳이 들어서면 동네 점포 22곳이 폐업된다는 수치가 나와 있지만 골목상권에서 체감하는 정도는 훨씬 심각하다."고 호소했다.

— **지자체 '골목상권 부활에 총력전'**

대기업 계열 유통매장들이 지역에서 고용을 창출하기도 하지만 대 부분이 계약직·파견직이기에 질 좋은 일자리를 만들지는 못한다. 골 목상권을 지켜주면 지역 주민들이 소비를 공유하고 가족들까지 혜택 을 입는다.

그럼에도 금융지원 외에 컨설팅 및 상권분석 등 다양한 지원을 제 공하는 지자체는 한정되어 있고, 그 서비스 기간이 길지 않아 아직 시 행착오 과정에 있다. 이러한 사회 경제적 상황 속에서 소상공인의 창 업 생존율을 개선하고 상권 활성화를 도모하기 위한 다각적 대책이 필요한 시점에 경기도와 서울신용보증재단의 '골목상권 지원사업'은 매우 필요한 일이다.

먼저 2019년 6월 17일 경기도의 '골목상권 조직화 지원사업'을 소개한다. 이는 30개 점포 이상의 골목상권 소상공인들을 하나의 경제공동체로 조직화하고 육성함으로써 개별 점포의 한계를 극복하도록 지원하는 사업이다. 상권별로 전담 매니저를 매칭해 조직 구성에서부터 사업화까지 자생력 강화에 중점을 두고 '현장 밀착형' 지원에 초점을 맞춘다. 각 전담 매니저는 조직화된 상권을 대상으로 상권분석 및 컨설팅, 경영교육, 현장체험, 상권 활성화 사업 등을 지원하게 된다. 오는 2022년까지 총 252억 원을 투입해 최종 300개의 공동체를 지원할 계획이다.

다음은 '서울신용보증재단'의 혁신적 사례를 소개한다. 골목상권에서 창업하려는 시민과 기존 영세 소상공인에게 보다 정확하고 고도화된 정보를 제공한다. '서울시 우리마을가게 상권분석서비스'를 개편해 올해 2월 7일 정식 오픈했다. 정보제공 업종을 45개에서 100개로 2배 이상 확대한다. 동 단위 투자수익률과 손익분기점 정보를 추가 제공한다. 특정 건물·길 단위 소비여력이나 매출액을 예측할 수 있는 서비스도 신규로 선보인다.

독서실, 반찬가게, 동물병원, 볼링장, 여행사 등 서비스업과 소매업을 중심으로 보다 폭넓은 업종별 정보를 제공한다. 데이터 분석 기간도 기존 분기별에 더해 월 단위로 세분화했다. 가장 널리 사용되는 경영성과 측정기준 중 하나인 '투자수익률'과 '손익분기점'도 추가로 서비스한다.

─ '경쟁력 강화' 경영지원 플랫폼 제공

골목상권이 활성화되려면, 대형유통망을 상대로 경쟁력 열악함을 극복할 수 있도록 다양하고 실효성 있는 경영지원 플랫폼을 제공하는 것이 매우 중요하다. 골목상권의 주체인 소상공인과 자영업 부문의 문제를 해결하기 위해서는 업종별 과잉진입 문제의 해결과 이들의 경쟁력 강화를 방해하는 두 가지 제도적 요인들의 제거가 동시에 이루어져야 한다.

대형 유통업체 복합쇼핑몰의 경우, 초기 도시계획 단계에서부터 진입을 제한해야 한다. 현행처럼 이미 입점을 한 단계에서 거리 제한이나 의무휴업 등의 제재만으로는 소상공인과 자영업자의 피해를 막을 수 없다. 아마도 자영업자들이 가장 불안해하는 것은 최저임금 인상보다도 임대료 인상과 불공정거래 관행, 대형쇼핑몰 및 신도시 중심 지역개발, 대기업과의 경쟁열위 등일 것이다.

골목길의 문화자산을 확충하고, 임대료를 안정적으로 유지하며, 골목상권 창업을 지원하여 필요 인력을 훈련·육성하고, 골목길 연결성과 대중교통 접근성을 개선해야 한다. 골목상권 위기의 원인으로는 특히 임대료가 가장 많이 거론된다. 국내외 사례는 다양한 임대료 정책을 제시한다. 임차인 권리 강화와 임대료 인상 규제가 가장 빠르게 임대료를 억제하는 방법일 것이다.

소상공인과 자영업자를 위해 직접적 보호 제도를 유지하고, 간접적으로는 사회 안전망을 강화해 이들의 실패나 구조조정에도 큰 충격을 받지 않도록 제도적 장치를 마련해야 한다. 폐업의 충격을 완화할 수 있도록 고용보험 등 사회안전망을 확대하는 것도 반드시 필요하다.

저층 건물, 걷기에 편한 거리, 주거지·상업시설이 공존할 수 있는 복합적 공간 디자인, 편리한 대중교통망 구축을 통한 접근성 개선은 정부가 비교적 쉽게 충족시킬 수 있는 조건이다. 그러나 지역 정체성을 드러내는 미술관과 공방 유치, 적정 임대료의 유지, 개성 있는 가게를 창업해 골목문화를 선도하고자 하는 기업가 정신 고양 등은 정부의 노력만으로는 일궈내기 힘들다. 주민·상인·예술가·청년창업가 등 골목길 주체들의 협력과 동참이 필수적이다. 지역 경제를 활성화하고 우리 삶을 풍요롭게 만드는 골목문화는 그냥 만들어지는 것이 아니다. 지역특성과 연관된 고유한 콘텐츠로 새로운 가치를 창출해야 한다.

17
Column

국가균형발전의 초석
'지방분권'

─ 불과 30년의 짧은 역사 '지방분권'

분권(分權)이란 한자로는 나눌 분(分), 권세 권(權)으로 권한을 나눈다는 뜻이며, '지방분권'은 국가 및 지방자치단체의 권한과 책임을 합리적으로 배분함으로써 국가 및 지방자치단체의 기능이 서로 조화를 이루도록 하는 것을 말한다.

우리 대한민국의 실질적 지방자치 역사는 불과 30년의 짧은 역사이다. 우리 대한민국은 1991년 지방의회 선거가 먼저 실시되고, 1995년에 단체장과 지방의원을 동시에 선출하는 선거가 실시되어 주민직선에 의한 지방자치가 복원되었다. 그럼에도 우리 대한민국의 국가균형발전 초석이 되는 '지역분권'의 현실과 위상은 어떠한지? 이제 중간평가를 받을 시점에 이르렀다고 할 수 있다.

행정수요가 다양한 현대사회에 국가주도형 운영방식은 지역의 특수하고 개별적인 행정수요에 능동적으로 대응하지 못하고, 오히려 지방의 다양성과 자율적·창의적 발전을 저해하고 있다. 국민소득 3만불 시대, 더 큰 대한민국을 만들기 위해서는 지방분권을 통해 지역의 경쟁력을 키워나가고, 시민 생활과 밀접한 안전과 환경, 복지 문제는 지방정부가 담당할 수 있도록 하여 시민들에게 신속하고 질 높은 서비스의 제공이 필요하다.

그러나 갈수록 커지는 지방재정 불균형 수도권과 비수도권의 재정 불균형 해소는 여전히 격차를 줄이지 못하고 있는 실정이다. 서울과 수도권 등 일부 지역 외에는 중앙정부에 손을 벌리지 않고서는 지방정부 살림을 꾸려갈 수 없는 형편이다.

2018년 10월 정부가 발표한 '재정분권 추진 방안'을 보면, 재정자립도가 30% 미만인 지방정부는 수도권 69곳 가운데 27.5%(19곳)에 불과했지만, 비수도권은 전체 174곳 가운데 72.4%(126곳)를 차지하

는 것으로 나타났다. 행정안전부의 자료를 봐도, 전국 평균 재정자립도는 2017년 53.7%에서 2018년 53.4%, 2019년 51.4%로 해마다 감소 추세다. 재정자립도가 낮아진다는 것은 지방세 등 세입 비중이 줄어 정부에 대한 재원 의존도가 높아진다는 것을 의미한다.

지방분권의 척도인 전국 평균 재정자주도(財政自主度)는 2003년 84.9%에서 2018년 75.3%로 15년 새 10% 가까이 줄어들었다. 재정자주도는 지방정부의 일반회계 세입 중에서 자체 수입과 자주 재원을 합한 것을 지방정부 예산 규모로 나눈 값의 비율을 말한다.

― 대한민국 지방분권의 '위상과 현실'

자치분권은 국가와 지방자치단체의 권한과 책임을 합리적으로 배분해 국가와 지방자치단체의 기능이 서로 조화를 이루고, 지방자치단체의 정책결정과 집행과정에 주민의 직접적 참여를 확대하는 것을 의미한다. 단적으로 말해, 주민이 스스로 자신의 삶을 바꾸는 주민주권을 실현하는 것이 자치분권이다.

저출산·고령사회에 직면하면서 지방 인구는 점점 줄어들고 있다. 지방인구의 감소에도 국토면적의 11.8%에 불과한 수도권은 전체인구의 49.5%를 차지하고 있다. 이처럼 수도권과 지방의 불균형이 심화되고 있지만 중앙정부 중심의 공공서비스는 전국에 획일적인 기준과 지침에 따라 적용되고 있다. 지역여건에 맞는 맞춤형 치안·복지 서비스 제공이 어렵고, 주민의 다양하고 차별화된 욕구에 충족하기도 쉽지 않다. 이에 청년실업, 수도권 집중, 성장동력 창출 등 국가·사회적 현안을 지방정부과 중앙정부가 힘을 모아 해결하기 위한 발전전략에 중지를 모아야 한다. 그럼에도 우리나라 지방분권의 수준과 현실은 매우 열악하기 그지없다.

'자치사무 분야'에서는 국가사무와 지방사무 비율은 7대 3 수준으로 국가사무가 압도적으로 많으며, 지방정부는 고유사무 외에도 중앙

정부가 위임한 사무(기관위임사무, 단체위임사무)를 처리하고 있다.

　'자치재정 분야'에서는 국세와 지방세의 비율이 8대 2 수준으로 지방세 비율이 매우 낮은 반면 세출비중은 4대 6 수준으로 지방의 지출비용이 훨씬 많고, 중앙정부에 대한 의존도가 매우 높다.

　'자치입법 분야'에서는 지방정부는 조례를 제정할 수 있으나 '법령의 범위 안에서'만 조례제정권을 허용, 지역실정에 부합하는 개별적, 창의적 조례를 만들 수 없다.

　'자치조직 분야'에서는 지방정부는 지방의 행정기구와 지방공무원을 둘 수 있지만, 행정기구의 설치와 지방공무원 정원 등은 대통령령(지방자치단체의 행정기구와 정원기준 등에 관한 규정)에 따라야 하므로 자율권이 없다.

　'주민자치 분야'에서는 주민발의제(조례제정·개정·폐지 청구제),

주민투표제, 주민감사청구제, 주민소송제, 주민소환제, 주민참여예산제 등의 제도들이 시행되고 있으나 요건이 까다로워 운영 실적이 저조하다.

― 2004년 1월 '지방분권특별법' 최초 발효

국가 및 지방자치단체의 지방분권에 관한 책무를 명확히 하고 지방분권의 기본원칙·추진과제·추진체계 등을 규정함으로써 지방을 발전시키고 국가경쟁력을 높이는 것을 목적으로 제정된 '지방분권특별법'은 법률 제7060호로 2004년 1월 16일 최초 발효되었다.

이로부터 한참 지난 2017년 문재인 정부는 혁신적인 지방분권을 추진했다. 대표적인 것이 '지방분권형 개헌'이다. 문 대통령 취임 첫해인 2017년 10월 '자치분권 5년 로드맵(안)'을 발표하고, 이 내용을 담은 개헌안을 국회에 제출했다. 헌법 제1조 3항에 "대한민국은 지방분권국가를 지향한다."고 선언적으로 명시하며, 대통령과 시·도지사 사이 '제2국무회의' 성격의 '국가자치분권회의'를 신설하는 내용이 담겼다. 자치입법권과 지방정부 사무 범위를 확대하는 등의 내용도 포함됐다. 개헌안은 2018년 5월 국회 본회의에서 자유한국당, 바른미래당, 민주평화당, 정의당 등 야당의 불참으로 재적 의원 288명 가운데 114명만 참석해 의결정족수 미달로 개헌안은 자동폐기(투표불성립)됐다.

지방분권형 개헌안의 좌초와 동시기에, 2018년 5월 21일 '지방분권 및 지방행정체제개편에 관한 특별법' 개정안이 정식 발효되었다. 법률안은 그간 역대정부가 국가와 자치단체 간 권한과 책임의 배분이라는 '지방분권'에 집중하였던 것과 달리, 자치단체의 정책결정 및 집행과정에서 주민의 실질적인 참여와 권한 강화에 중점을 두었다. '지방자치발전위원회'의 명칭도 '자치분권위원회'로 변경했다.

지방분권과 관련한 마지막 입법으로, 2020년 1월 9일 국회 본회의를 통과한 '지방이양일괄법'이 참여정부 시절인 2004년부터 추진돼 16년 만에 결실을 보게 되었다. 지방자치단체 권한 확대를 골자로 한 일명 '지방이양일괄법'은 중앙의 행정권한과 사무 등을 포괄적으로 지자체에 넘겨주기 위해 관련 법률을 모아 한 번에 개정하는 법률이다. 이번 개정으로 16개 중앙부처 소관 46개 법률의 사무 400개가 지방으로 일괄 이양된다. 시행일은 2021년 1월 1일이다.

지방정부와 지역주민에게 그 지역의 문제를 스스로 책임지고 해결할 수 있도록 자율성을 부여하는 것이 지방자치의 근간이며, 지역 간 창의적 혁신경쟁의 필수요소이다. 과부화된 중앙정부의 권한과 재정을 지방정부와 재배분하여, 중앙정부는 국가적 과제를 담당하고, 지방정부는 지역적 과제를 담당하는 지방분권을 실현해야 한다. 지방분권형 헌법 개정은 21세기 한국사회가 제4차 산업혁명의 파고를 넘어 선진국으로 안착하기 위해서도 필수적 과제이다.

자치분권은 새로운 국가발전 전략이자 성장 동력이다. 자치분권의 선명한 청사진은 주민과 함께하는 정부, 다양성이 꽃피는 지역, 새로움이 넘치는 사회에 초점이 맞추어진다. 이에 자치분권 6대 추진전략인, 주민주권 구현, 중앙권한의 획기적 지방이양, 재정분권의 강력한 추진, 중앙~지방 및 자치단체간의 협력 강화, 자치단체의 자율성과 책임성 확대, 지방행정체제 개편과 지방선거제도 개선에 한층 박차를 가해야 한다.

18
Column

지역분권의 꽃
'지역특구' 활성화

— **지역특화발전특구의 '역사적 출범'**

'지역특화발전특구'는 지역의 특화된 발전 및 활성화를 도모하기 위하여 기존 규제에 대한 특례가 적용되는 구역이다. 2004년 11월 3일 재정경제부 산하에 지역특화발전특구기획단이 공식 출범하였다. 2008년 2월 29일 정부조직개편에 따라 지역특화발전특구기획단의 기능이 재정경제부에서 지식경제부로 이관되었고, 5년 후인 2013년 3월 23일 또다시 정부조직개편에 따라 지역특화발전특구기획단의 기능이 지식경제부에서 중소기업청으로 이관되는 과정을 거쳤다.

특구는 저성장시대에 접어들면서 전국의 각 기초자치단체에서 지역경제의 활성화를 위해 자체적으로 특구의 지정 및 추진을 위한 검토가 진행되고 있고, 새롭게 지정이 되고 있는 곳도 늘어나고 있다.

현 중소벤처기업부에 따르면, 첫 해인 지난 2004년 5개 지자체가

6개 특구를 지정한 이후 2018년 12월 기준 전국 150개 기초지자체가 196개 지역특구를 지정해 운영하고 있다. 전국 228개 지자체 가운데 65.8%가 넘는 지자체가 1개 이상의 지역특구를 보유하고 있는 셈이다. 특구유형별 분포현황을 살펴보면 향토자원특구가 93개(47%)로 가장 많고, 관광레포츠특구 48개(25%), 교육특구 32개(16%), 산업연구특구 18개(9%), 의료·복지특구 5개(3%)가 지정 운영되고 있다.

중소기업청의 2016년도 자료에 따르면, 지역특구지정으로 신규 일자리 총 13,312개, 신규 기업 유치 1,265개, 총 매출 10조 7,559억 원이라는 경제적 성과를 창출하였고, 지역경제 활성화에 크게 기여하고 있다는 평가이다. 그럼에도 국내 특구의 가장 큰 문제는 중복·과잉 지정에 따른 경쟁력 약화와 자원 낭비이다. 대외경제정책연구원의 2015년도 '국내 특구제도 실태분석 및 개선방안 보고서'에 따르면, 기초지방자치단체의 66%인 152곳이 하나 이상의 경제특구를 보유하고 있다. 또한 특구 운영 및 관리의 실효성 측면에 대해서는 중앙정부, 광역자치단체, 기초자치단체, 민간 등 주체별로 상이한 판단을 내리고 있다. 그리고 특구 대부분은 개별법령 체계를 갖추고 있어 한 번 설치하면 폐지하기도 어렵고 정부 부처별 종합적이고 체계적인 정책조율도 쉽지 않다.

─ 지역 특성에 맞는 '규제개혁 추진'

지역특화발전특구는 지역 특성에 맞는 규제개혁을 추진하고 차별화된 특화사업을 발굴, 지원하기 위해 지난 2004년 9월 도입됐다. 전국에 획일적으로 적용되는 규제를 지방자치단체에 규제 권한을 이양

해 지역경제를 활성화하는 것이 목적이었다. 하지만 지역특구와 지역전략산업간 연계 미흡, 예산 부족, 규제 특례 발굴 한계 등으로 '무늬만 특구'이고 방치되고 있다는 지적이 많다.

한편 최근 기술혁신은 예측이 불가능할 정도로 빠르게 진행되고 있다. 신기술을 활용한 새로운 서비스 또는 제품 등을 규제제약 없이 상품화하고 사업화할 수 있는 기업환경을 조성하는 것이 무엇보다 중요한 과제로 대두되었다.

더욱이 4차 산업혁명의 네트워크 경쟁시대를 선도하기 위해서는 ㄷ ㄱ희민 ㄱ여빈긴긴과늘 통해 ㅈㅣ역정새의 ㅅㅣ녹핵ㄴ ㅎㅣㄹ신과 성생녁을 높이는 것이 매우 중요해졌다. 이에 규제혁신을 통해 신산업을 육성·발전시키며, 이를 통해 지역 및 국가의 경쟁력을 강화하려는 국제적 변화에 적극 대응하기 위해서는 우리나라도 과감한 규제특례제도의 도입이 절실해졌다.

— 일대 전환점 '규제자유특구' 출범

이에 중소벤처기업부가 '규제자유특구'를 통해 지역경제 활성화 및 국가균형발전에 나섰다. 2019년 4월 17일 발효된 '규제자유특구제도'는 지역의 혁신적이고 전략적인 성장을 지원하기 위해 기존 시·군·구의 지역특화발전특구와는 구별되는 새로운 유형이다. '규제자유특구'는 각종 규제가 유예·면제돼 자유롭게 신기술에 기반을 둔 신사업을 추진할 수 있도록 비수도권 지역에 지정된다.

규제자유특구에 참여하는 기업에는 법적인 규제 적용이 완화되고 재정 지원과 세제 감면이 된다. 기존 법령에 대한 규제특례 201개가 적용되고, 법령이 없거나 기존 규제를 적용하는 것에 반하는 경우에도 규제 샌드박스를 활용해 신사업 검증이나 신제품 출시가 가능하다. 규제 샌드박스는 신제품이나 새로운 서비스를 출시할 때 일정 기간 기존 규제를 면제하거나 유예하는 제도를 말한다.

정부는 핵심규제지만 그동안 해결하지 못했던 개인정보·의료분야, 규제공백으로 사업을 하지 못했던 자율주행차·친환경차 분야, 규모는 작지만 시장선점 효과가 큰 에너지 분야에 중점 지원 계획을 세웠다.

결국 규제자유특구를 정하는 최고 심의·의결기관인 규제자유특구위원회는 2019년 7월 23일 혁신적인 기술을 시험하고 신산업 육성의 토대를 마련하기 위한 포석 하에 7개 지방자치단체를 규제자유특구로 지정했다. 승인된 특구계획은 강원의 디지털 헬스케어, 대구의 스마트 웰니스, 전남의 e모빌리티, 충북의 스마트 안전, 경북의 차세대 배터리 리사이클링, 부산의 블록체인, 세종의 자율주행 등 7개 지역과 사업이다.

규제자유특구가 첫 지정된 지 100여일 만에 추가로 7곳이 2차 규제자유특구로 출범하며, 전국 규모로 규제자유특구의 모습을 갖췄다. 2차 규제특구는 주로 친환경미래차·무인선박·에너지·바이오 등 신기술, 새로운 서비스를 활용한 사업들로 구성되었다. 이번에 지정된 특구는 광주 무인저속 특장차, 대전 바이오메디컬, 울산 수소그린모빌리티, 전북 친환경자동차, 전남 에너지 신산업, 경남 무인선박, 제주 전기차 충전서비스 등 총 7개 지역이다.

박영선 중기부 장관은 "지방에 신산업과 관련한 경직된 규제를 풀고 재정을 지원해 지역경제를 활성화하는 규제자유특구가 역사의 첫 단추를 꿰었다."며 "이를 통해 혁신기업이 활발하게 창업하고 자유롭게 신기술을 활용할 수 있는 환경을 조성, 제2의 벤처붐으로 연결될 수 있도록 노력하겠다."고 밝힌바 있다. 이들 지역은 2년간 제약 없이 신기술을 개발하고, 2년 후엔 결과를 평가해 특구 연장이나 확대·해제 등을 검토하게 된다. 이에 따라 지역으로의 투자와 양질의 일자리가 늘어나는 등 지역경제에 큰 도움이 될 것으로 전망된다.

── 각 주체 간 '소통과 효율성' 담보를

지역특화발전특구가 지역의 성장기반과 지방자치단체의 자립화에 기여하고 있는 것으로 평가되는 가운데, 민간의 지역특구 참여를 더욱 확산시킬 필요가 있다는 지적이다. 이에 앞서 새로운 지역개발정책으로서 지역특화발전특구제도가 어느 정도의 성과를 보이고 있는지 냉정하게 검토해볼 필요가 있다. 지역특화발전특구제도의 전반적 현황 분석과 함께 핵심적 평가사항, 규제완화의 효과 정도, 특색 있고 개성 있는 지역개발정책으로서의 유용성, 지역 경제활성화 정책으로서의 효율성 등 이 세 가지 측면에 초점을 두고 엄격히 평가할 필요가 있다.

그 효과를 더욱 높이기 위해서는 민간의 특구참여 촉진을 위한 규제특례 확대, 특구내 적용 특례조치의 전국적 확대 시행, 인재육성, 의료복지 등 특구사업의 다양화, 특성화 등의 조치가 보완되어야 한다. 특구가 지역을 활성화하기 위한 효과적인 수단으로서 자리매김하기 위해서는 각 주체 간의 소통은 물론, 특구의 지정 및 운영, 관리의 측면에서 실효성을 담보로 진행하는 것이 한층 더 필요해졌다.

19
Column

일하는 '21대 경제국회'
간절히 소망

— **대한민국 국회가 개원한 지 72주년**

21대 국회의원 임기가 정식으로 5월 30일 시작된다. 대한민국 국회가 개원한 지 72주년이고, 국회의 전신인 대한민국 임시의정원을 기준으로 하면 101주년을 맞게 된다. 코로나19라는 전 세계적 위기 국면에서 치른 한국의 총선은 전 세계 외신들도 코로나19 대응만큼이나 비상한 관심을 보였고, 국가재난 상황 속에서도 66.2%라는 28년 만의 최고 투표율에 놀라기도 했다.

투표 결과 지역구와 비례대표를 포함해 1987년 민주화 이후 전례 없는 더불어민주당의 거대 여당이 탄생했다. 이번 총선에서 민주당의 대승은 정부 여당에 대한 국민의 신임이라는 의미도 있지만, 그보다는 발목잡기로만 일관해온 야당에 대한 심판의 의미가 더 컸다.

더불어민주당은 21대 총선에서 '일하는 국회' 부분에서 4가지 사

항을 공약했다. 국회운영 상시화와 법사위 개혁으로 법안 신속처리 유
도, '국민입법청구법률안'으로 국민 입법참여 실질보장, 국회의원 불
출석 제재, 국회의원 국민소환제 도입과 의원 윤리의무 강화 등이다.

— '역대 최악' 20대 국회 답습 말아야

그러나 이처럼 제 아무리 좋은 법안이라도 차일피일 시간끌기에
만 몰두한다면, 제20대 국회와 다를 바 없다는 오명에서 절대 자유로
울 수 없을 것이다. 지난 20대 국회는 여러 모로 '역대 최악'이라는 낙
제 점수를 받았다. 4년 회기 전체 법안 처리율이 사상 최저치였던 19
대 때(41.7%)에도 못 미치는 36.5%에 불과했다. 속히 입법해야 할 민
생법안을 심의할 때는 '식물국회'나 다름없었다.

지난 5월 20일 본회의를 끝으로 사실상 막을 내린 20대 국회는 n
번방 방지법, 과거사법, 신종 코로나바이러스 관련법 등 법안 133개
를 통과시켰다. 그러나 이보다 못지않게 시급한 민생 법안을 포함한
법안 1만5,000여 건은 처리하지 못했다.

특히 지방자치법 개정안 처리를 끝내 외면한 것은 대단히 유감이다. 지자체의 자치권 확대와 중앙정부~지자체 간 협력관계를 정립하기 위해 법 제정 31년 만에 처음 추진된 전면적인 개정안이었다. 인구 100만 명 이상 대도시에 '특례시' 지위 부여, 국가지방 간 사무 배분 확대, 지방의회 인사권 독립 및 정책 전문인력 지원, 주민의 지방자치 행정 참여권 강화 등 지방분권 방안이 담겨 있었다.

지난 제20대 국회는 협치가 필수인 다당제로 출발했지만 여와 야, 좌와 우, 진보와 보수라는 이분법적 진영논리에 갇혀 많은 시간을 허비했다. 절차와 과정이 무시되었고, 협치와 상호존중이 실종된 꼼수가 난무했으며, 정치공방과 남탓으로 바람 잘 날이 없었다.

— **21대 여당 1호 법안 '일하는 국회'**

21대 국회 더불어민주당의 1호 법안인 '일하는 국회법'에는 여러 내용이 담겨 있지만 '법안 처리의 속도와 밀도'에 관련된 내용을 주시할 필요가 있다.

정기회가 아닌 달의 1일에 임시회 소집 의무화, 상임위 정례회의 개회 의무화, 법안 심사 소위 매월 4회 이상 개최, 신속처리대상 안건

상임위 심사기간 45일, 본회의 처리 45일로 축소, 법사위 체계 자구 심사권 폐지, 국회의원의 불출석에 대한 징계 규정 신설, 6개월간 수당 등 지급정지 안건이다.

이제 21대 국회에서는 '정쟁'에만 매달려 법안 심의에 시간을 제대로 쓰지 않는 관행과 문화를 혁신하고 타파하는데 주 초점이 맞추어져야 한다. 가장 시급한 의제는 '상임위·소위 개최 강제화와 법사위 개혁'이다. 여기에서도 좀 더 범주를 좁히자면, 법사위의 '체계 자구심사권' 폐지다. 이는 의회에 법률전문가가 많지 않던 제헌 국회 시절부터 법률안의 법적 엄정성을 확보하기 위해 법률전문가로 구성되는 법사위에서 법안의 법적 체계와 용어, 표현 등을 심사하도록 한 제도가 마치 상임위에서 의결된 법안을 법사위에서 다시 한 번 심의하고 통과 여부를 결정하는 과도한 권한을 폐지하는 것이다.

법사위가 말 그대로 체계와 자구만 심사해왔다면 큰 문제가 없겠으나, 지금까지 법사위는 법안의 내용까지 따지며 법안을 재심사하는 관행을 정착시켜 왔다. 여당은 국회사무처 법제실 또는 국회의장이 지정한 기구에서 체계와 자구의 심사 결과를 보고받도록 하여 상임위에서 의결된 법안이 법사위를 거치지 않고 곧바로 본회의에 상정될 수 있도록 할 방침이다.

다음으로 여당이 거대의석을 확보하게 됨에 따라 가장 큰 관심을 받게 된 것이 '신속처리대상안건(패스트트랙)' 제도이다. 현행 국회법은 신속처리대상안건으로 지정된 법안의 의무 처리 기간을 상임위 180일, 법사위 90일, 본회의 60일로 정하여 신속처리대상 안건으로 지정돼도 처리 기간이 최장 330일에 이르는, 전혀 신속하지 않은 제도였다.

여당이 제출한 국회법 개정안이 통과되면 신속처리대상안건을 상임위 45일, 본회의 45일로 길어야 90일 안에 처리가 가능해진다.

— '청렴결백' 선진국가 진입에 초석을

4년 임기의 21대 국회의원들은 오는 6월 5일로 예정돼 있는 개원식에서 '대한민국 국회의원 선서'를 할 것이다. "나는 헌법을 준수하고 국민의 자유와 복리의 증진 및 조국의 평화적 통일을 위하여 노력하며, 국가이익을 우선으로 하여 국회의원의 직무를 양심에 따라 성실히 수행할 것을 국민 앞에 엄숙히 선서합니다."

국회의원 선서를 할 여야의원 300명 가운데 국회에 첫 입성하는 초선의원 수가 절반을 넘긴 151명에 이른다. 최우선 순위로 무엇보다 청렴해야 할 것이다. "국가 이익을 우선하여 양심에 따라 직무를 행한다. 지위를 남용하여 국가·공공단체 또는 기업체와의 계약이나 그 처분에 의하여 자산 상의 권리·이익 또는 직위를 취득하거나 타인을 위하여 그 취득을 알선할 수 없다." 이는 대한민국헌법 제3장 국회법 제46조에 명시돼 있는 '국회의원 의무'에 해당하는 핵심 항목들이다.

정치권 곳곳에서도 21대 국회 개원과 함께 코로나19 경제위기를 극복하기 위한 적극적인 입법적 노력에 나설 채비를 갖추는 모습이다. 이에 응당 '과학기술 기반의 복지국가'에 심혈을 쏟아야 할 것이다. 21대 국회에서의 여야 간 선의의 경쟁은 과학기반 복지국가로의 전환에 필요한 법률과 제도를 적절한 시기에 얼마나 구축하느냐에 달렸다.

복지에 대한 투자가 거대한 공공조달 시장을 만들고 혁신 기업은 이를 통해 글로벌 시장으로 진출할 발판을 만들 수 있다. 규모의 경제

못지않게 효율적이고 투명한 선진국가 건설에 매진해야 한다는 의미이다. 비대면·빅데이터·바이오와 같은 미래산업과 광범위하게 진행되는 글로벌 경제사슬의 변화에도 긴밀히 대응해야 한다.

국민들은 21대 국회에 '갈등과 분열 해소를 통한 국민통합'을 간절히 소망하고 있다. 일하는 국회를 만들기 위한 상생과 협력의 정치는 구호로만 되는 게 아니다. 일하지 않으면 안 되는 제도를 만들어서 제도 위에서 협치가 완성돼야 한다. 현실에 대한 냉철한 진단과 성찰을 통해 새로운 비전을 수립하여 위

기를 기회로 반전시키는 지혜로운 전략이 요구되는 시점이다.

오는 30일 임기를 시작하는 새 국회는 첫걸음부터 심기일전
해야 한다. 의장단이나 상임위원장 배분 등 원구성 단계에서부
터 샅바싸움을 하던 구태를 답습하지 않아야 한다. '거여소야'
구도인 21대 국회는 일방적 주장 대신 상대를 경청하면서 차원
놓은 협치의 민주주의의 진면목을 보여주기 바란다.

20 Column

개성공단이 다시
열리는 날!

─ 한반도 안정의 주춧돌 '개성공단'

유서 깊은 전통의 도시 개성이 우리 한반도 평화와 안정의 바로미터로서 국내외 언론의 스포트라이트를 받게 된 것은 불과 얼마 전이다. 짧은 기간 한반도를 통과한 남북 데탕트 시절 조성된 개성공단에 북핵 해법이 여전히 답보 상태에 있어 현재에도 진한 먹구름이 걷히지 않고 있다.

고려의 500년 도읍인 개성(開城)은 남한과 가장 가까운 북한의 대도시로 판문점에서 8km 거리에 불과하여 우리에게는 매우 가까운 곳이다. 송도(松都)라 불리기도 했으며, 고려가 명운을 다할 때까지 국도(國都)로서 번성을 누린 개성은 고려 태조인 왕건(재위 918~943)이 즉위한 다음 해에 철원(鐵原)에서 이곳으로 도읍을 옮기면서 송악군과 개성군을 합병해 한때 개주(開州)라 칭하기도 했다. 평양·개성 간 고

속도로가 뚫려 있어 사통오달의 교통의 요지이다.

개성공단은 2000년 '개성공업지구 개발에 관한 합의서' 체결과 2002년 북한의 개성공업지구 지정을 계기로 사업이 본격화되었다. 2015년 1~11월 동안 개성공단 누적 생산액은 5.2억 달러로 2010년 3.2억 달러 대비 62.5% 증가했고, 근로자도 5만 5,000여 명에 달하는 등 남북한 상생(win-win)의 경협 모델 실험장으로 발전해왔다.

그러나 지난 2016년 2월 정부의 개성공단 폐쇄 결정에 개성공단 입주 기업들은 거의 모든 원부자재와 제품, 생산설비를 고스란히 두고 개성공단에서 빠져나왔다. 개성공단 가동중단으로 남북경협이 중단되면서 북한의 대중 의존도는 심화되어 2016년 북중 교역액 60.5억 달러, 대중 의존도는 87.4%로 추정된다.

― 남북경협 혁신적 '일대 전환점'

개성공단조성은 남한의 자본과 기술, 북한의 토지와 인력이 우호적으로 긴밀하게 결합하여 통일로 가는 길목에서 남북교류협력의 새로운 장을 마련한 역사적 대업이었다. 우리 측은 9억 달러 정도를 투자했고, 북측은 3단계까지 2,000만 평의 토지를 제공하기도 했다.

개성공단 사업을 개괄하면 북한이 70년간 토지 이용권을 남한 측에 임차하며, 총면적은 2,000만 평으로, 이 가운데 개성공단이 850만 평, 배후도시가 1,150만 평이다. 개성공단의 최종 지향점은 이 지역을 중국의 선전(深圳)이나 푸둥(浦東) 경제특구와 같은 국제자유경제지대로 지정해, 제조·금융·상업 및 관광산업을 포괄하여 세계적으로 경쟁력 있는 종합적 국제자유도시로 발돋움하는 것이다.

　개성공단 조성은 2000년 6·15공동선언 이후 남북교류협력의 하나로 동년 8월 9일 한국의 현대아산(주)과 북한의 김정일 국방위원장이 공업지구 건설에 합의가 그 단초이다. 2000년 6월 당시 김정일 국방위원장은 故 정주영 현대 명예회장과 회동에서 "개성을 내주겠다. 군인들을 제대시켜 공업지구에 30만 명의 노동력을 대주겠다."고 호언한다.

　김정일은 군부의 거센 반대에도 불구하고 원래 해주(海州) 대신 개성을 남북 경협공단으로 지정한 것이나. 이후 북한군의 선략적 요충지인 '개성·문산' 루트를 담당하던 인민군 6사단, 64사단 등은 개성공단이 들어서면서 송악산 이북과 개풍군 일대로 철수시켰다.

　2004년 12월 개성공단 시범단지 입주기업에서 생산된 제품의 첫 반출이, 2006년 9월에는 본 단지 1차 분양기업 첫 반출을 시발로 2010년 9월에는 입주기업 생산액이 총 10억 달러를 돌파하였고, 2012년 1

월에는 북측 근로자가 5만 명을 돌파하였다.

입주기업 현황을 보면 2012년 3월 현재 섬유(72), 화학(9), 기계 금속(23), 전기전자(13), 식품(2), 종이 목재(3), 비금속 광물 (1) 등 모두 123개 업체가 가동 중이며, 생산 규모를 보면, 2008년(2억5천만 달러), 2009년(2억9천만 달러), 2010년 (3억2천만 달러), 2011년(4억만 달러) 등 누계생산액이 12 억6천만 달러를 돌파했다.

근로자 현황을 보면, 북측 근로자는 2005년(6천 명), 2006년(1만1천 명), 2007년(2만2천 명), 2008년(3만8 천 명), 2009년(4만2천 명), 2010년(4만6천 명), 2011 년(4만9천 명) 등이었고, 2012년 1월에는 드디어 5만 명을 돌파하였다.

― 두 번째 '개성공단 조성' 흐름?

개성공단이 재개되기도 전에 두 번째 개성공단을 조성하려는 조짐이 거론되고 있다. 제2개성공단은 경기도 파주 일대에 남북 경제협력 차원의 산업단지를 조성한다는 게 골자다. 이미 경기도를 중심으로 예비 타당성 조사가 실시된 것으로 알려졌다. 과거 개성공단은 남한의 자본, 북한의 노동력이 결합된 노동집약적 형태인 반면 파주에 조성될 남북경협 산업단지는 남과 북의 인적 자원을 활용하고 첨단산업 중심으로 진행될 것이라는 관측이 나돈다.

파주와 개성의 거리가 12~20km 정도로 그리 멀지 않아 북한 노동자들이 이동하기에 부담되지 않고, '산업단지 조성시 특별법'을 신설해

임금 문제는 조정할 수 있으며, 고학력 출신의 북한 노동자들이 첨단산
업단지에 유입되는 형태여서 개성공단과는 다를 것이라는 전언이다.

　업계는 개성공단이 경쟁력 있는 이유로 저렴한 인건비, 풍부한 인력, 물류비 저감 등을 꼽으면서 북한 노동자가 국내로 유입되면 '최저임금 적용' 대상이 될 수 있다고 예상한다.

하지만 북한 노동자들이 국경을 넘어 매일 출퇴근하는 문제는 현행법과 정치적 여건 등을 고려해 난관이 많을 것이다. 실제 2016년 개성공단 폐쇄 직전 북한 노동자는 5만3,000여 명(124개사)으로 당시에도 개성공단 외곽에서의 출퇴근 문제가 제기되어 기숙사 건립 등이 검토된 바 있기 때문이다.

— **개성공단 재가동 '화해의 시금석'**

개성공단은 젊고 유능한 생산직 인력이 풍부한데다 인건비까지 저렴하다는 게 강점이다. 또한 개성공단은 남한과 가까워 물류비가 적게 들고 근로자들 모두 같은 언어를 쓴다는 점도 장점이다. 그러나 국제사회에서 해법이 도출돼 경협의 물꼬가 트이더라도 국내에서 풀어야 할 문제도 상당하다.

개성공단 입주 기업 입장에서는 장기 폐쇄된 공단을 재개한다해도 정치적 안정성 확보, 수리비용 부담, 해외 구매자 설득, 경협보험금 반환 문제, 북한 근로자 임금 처리 등이 과제로 남아 있다. 남북경제협력보험과 지원금을 반납해야 하므로 이 자금 마련도 숙제다. 개성공단이 재가동되면 기업들은 2년 2개월간 폐쇄로 인해 받았던 경협보험금을 반환해야 한다.

개성공단기업들은 지난 2016년 2월 갑작스러운 폐쇄 결정 이후 정부로부터 경협 보험금 형태로 5,500억 원의 피해지원금을 지원받았다. 이 중 고정자산에 대한 피해지원액 약 3,700억 원은 개성공단 재가동시 반환해야 한다. 다만 기계의 노후화 등 기업이 입은 손실을 감안해 최종 반환액이 결정되는데, 이 과정이 갈등요소로 떠오를 수 있다.

개성공단은 통일 선진국 독일이 부러워한 자본주의 학습장이었다. 현장을 둘러본 독일 유력 정치인이 '분단 시절 독일에도 이런 곳이 있었더라면 동·서독의 경제·사회 통합 과정에서 시행착오와 충격을 줄였을 것'이라고 호평했다.

공단 입주기업에서 일하는 북한 근로자들이 자본주의 경제원리를 체험했다. 이런 무한효용도 존재한 개성공단의 재가동을 치밀하게 준비하고 남북이 모두 만족할만한 성과를 낸다면 제2, 제3의 남북합작 공단 건설은 남북화해의 현실적 대안으로 성큼 자리잡을 것이다. 하지만 개성공단 재개의 첫 관문은 유엔의 대북 제재 및 미국의 독자 제재 완화다. 북한 당국이 비핵화에 따른 제재 완화에 유엔과 미국이 합의하기 전까지는 개성공단 재개는 불가능한 상황이다.

21

Column

남북철도가
연결되는 날!

— **남북한 물류산업의 첫 기적**

2017년 5월 17일은 남북 철도연결구간 시험운행이 있는 지 꼭 10년이 되는 날이다. 2007년 당시 남북은 경의선과 동해선을 연결, 남북 물류산업의 첫 기적을 울렸다. 이어 2007년 12월 11일부터는 남측의 문산역과 북한의 판문역을 잇는 개성공단 전용 화물열차가 정기운행을 시작하였다.

한반도 통합철도망 연결사업은 개성공업지구, 금강산관광과 함께 3대 경제협력사업이다. 2000년 6.15남북정상회담 이후 김대중 정부가 '철도의 실크로드'를 주창하면서, 남북 철도연결사업이 본격화됐다. 2006년 남북철도연결 합의, 2007년 5월 17일 첫 남북철도 시범운행이 이루어졌고 그해 12월 정상운행에 들어갔다. 하지만 1년 뒤인 2008년 이명박 정부 출범과 금강산 관광 중단 등으로 북한이 '12.1조치'를 발표해, 열차는 운행을 멈췄다.

먼저 우여곡절이 상당했던 지난 남북한 철도연결의 일지를 간략히 소급하여 정리하여 본다. 남북한은 1990년 9월부터 8차례에 걸쳐 남북고위급 회담을 개최하였고, 1992년 남북 간의 화해와 불가침 및 교류협력에 관한 합의서를 채택하였다. 이 합의서에 "남과 북은 끊어진 철도를 연결한다."는 합의 사항이 있다.

이어 2000년 7월에 개최된 제1차 남북장관급회담과 8월에 개최된 제2차 남북장관급회담에서 남북한은 경의선 철도(서울~신의주)를 연결하기로 합의하였다. 이에 따라 우리 정부는 2000년 9월 18일 경의선 철도·도로 연결 공사에 착수하였으나 북측은 착공을 미루고 있었다.

그 후 북측 이 동해선도 동시에 연결되어야 한다는 주장을 제기함으로써, 2002년 8월 개최된 제7차 남북장관급회담에서 경의선과 동해선 철도·도로의 착공에 합의하고, 2002년 9월 18일 경의선과 동해선 철도·도로 연결공사 착공식을 동시에 개최하였다.

2003년 6월 14일 경의선과 동해선의 군사분계선 상에서 남북의 철도 궤도를 연결하는 행사를 가졌으며, 2007년 5월 17일 열차 시험운행을 경의선 문산~개성역 간, 동해선 금강산역~제진역 간 구간에서 실시했다. 이어, 2007년 12월 11일부터 경의선 문산~봉동 구간에 매일 1회 12량의 차량을 편성하여 화물열차의 정기운행에 들어갔다. 화물열차의 운행은 2008년 11월 28일 중단될 때까지 총 222회(편도 기준) 운행되었다.

— 연결 핵심은 경의선과 동해선

본격적인 남북한 간 철도연결사업은 남북정상회담 직후인 2000년 제1차, 제2차 남북장관급회담에서 경의선철도 연결에 합의한 이후 급진전 되었다. 경의선 남측구간 복원사업은 2000년 9월에 공사에 착공하여 2002년 4월부터는 도라산역까지 열차가 운행되었다.

이어 남북 간 철도 연결은 지난 2007년 개성공업지구가 조성되면서 이뤄졌다. 하지만 2008년 이명박 정부 들어 남북관계가 경색되면서 1년여 만에 열차 운행이 중단됐다.

경의선의 경우, 개성공업지구 생산품 수송뿐 아니라 교역물자 수송, 남북 근로자 통근, 개성 관광열차 운행까지 확대할 수가 있다. 또 개성공단에서 생산된 제품이 철도를 통해 중국으로 수출되면 진정한 남북협력사업으로 자리매김할 것이다.

한편 경원선(京元線)은 원래 서울에서 원산까지 연결된 철도 노선이었으나 한반도 분단으로 인해 단절돼 있다. 분단 이후 북한에서 경원 본선인 휴전선 이북 구간을 함경선의 원산~고원 구간과 합하여 강원선이라는 이름으로 부르고 있고, 현재 우리의 경원선은 현재 용산역부터 소요산역까지 수도권 전철이, 동두천역부터 백마고지역까지는 통근열차가 운행하고 있다.

박근혜 전 대통령이 참석한 가운데 2015년 6월 5일 경원선 남측구간 철도복원 기공식이 열렸지만 이후 토지보상비 등 예산 확보가 어렵다는 석연찮은 이유로 중단된 바 있다.

다음으로 동해선은 일제가 자원 수탈을 목적으로 함경남도 안변에서 강원도 양양까지 192.6km에 걸쳐 건설한 철도다. 부산까지 건설할 예정이었지만 한국전쟁으로 1951년 6월 운행이 전면 중단됐다.

이후 반세기가 흘러 2006년 남북합의로 고성에 제진역(동해선철도 남북출입사무소)이 설치됐다. 남북출입사무소는 인원왕래, 물자의 반출입 및 수송장비 운행 시 고유한 출입 심사(CIQ) 업무와 함께 북한과의 협의 및 연락, 긴급상황 발생 시 조치 등의 업무를 수행하고 있다. 북한도 2006년 통행사무소 건물을 신축하고 관련 기관에서 파견된 인원들이 관련 업무를 수행했다.

당시 정부는 제진역에서 군사분계선까지 7km에 철로를 놓아 북쪽

에 남아 있던 동해선과 연결했다. 2007년 5월엔 북한 열차가 금강산~
제진 구간을 1차례 시험 운행했다. 그러나 2008년 7월 금강산 관광객
피격 사망 사건으로 동해선 철도는 사실상 폐쇄됐다.

— **시베리아 횡단철도와 중국횡단철도**

동해선이 주목받는 이유는 부산에서 북한, 러시아를 거쳐 유럽으
로 연결할 수 있는 최적의 노선으로 평가받고 있기 때문이다. 동해선
은 시베리아횡단철도(TSR)와 한반도종단철도(TKR)를 연결하는 노선 가
운데 화물의 환적 및 통관 절차가 편리해 가장 경제적이다.

북한이 추진하는 원산 관광특구와 원산·함흥·김책·청진 공업지
구, 나진·선봉 경제특구를 통과한다는 장점도 있다. 또한 동해 쪽으
로는 나진을 통해 러시아 하산으로 들어가게 된다. 나진~하산 철도연
결은 북한 나진항과 러시아 하산을 철도로 잇는 것으로 한반도와 대

륙을 연결하는 중요 사업이다.

유럽과 아시아는 고대로부터 동서 문명의 교류를 통해 발전과 번영을 이룩해 왔다. 이러한 문명 교류는 실크로드라는 교역로가 생긴 이래 수세기 동안 면면히 이어져 왔으며, 중세시대 '대항해 시대'가 열리기 전까지 실크로드는 인류 문명사의 동맥 역할을 해왔다.

현재는 이런 시대사적 역할이 한층 더 부각되고 있다. 동북아는 전세계 3대 교역권 중 하나로 최근 물동량이 30% 이상 급증하였다. 역내 지역에서의 물동량은 매년 10%씩 증가할 것으로 예상되는데 한국도 교역 1조 달러 시대를 넘어섰고, 동북아 역내 국가 간 교역도 40%에 육박하고 있다.

— 종결판 '실크로드 익스프레스' 프로젝트

우리나라는 새로운 실크로드로 떠오르는 시베리아 횡단철도(TSR),

중국횡단철도(TCR)와 한반도종단철도(TKR)를 연결해 유럽과 아시아를 하나의 경제협력체로 묶어내는 '실크로드 익스프레스' 구축을 제안한 바 있다. 한반도종단철도(TKR) 연결사업은 단순한 경제적 차원을 넘어 한반도 통합물류망 구축, 북한의 대외개방과 남북관계 발전, 새로운 동북아 협력질서 창출을 이루는 의미심장한 프로젝트다.

위의 여건이 무르익으려면 일단 남북한 철도가 복원되어야 한다. 우리가 TSR과 TCR을 이용해 유럽뿐 아니라 중국과 러시아, 중앙아시아 등에 한국 제품을 수출할 경우 수송기일이 단축돼 그만큼 수출경쟁력이 높아지는 것은 말할 것도 없다.

이미 남북철도 연결은 1990년대 학자들에 의해 한반도종단철도 (TKR, Trans Korea Railroad)와 시베리아횡단철도(TSR, Trans Siberia Railroad) 가 제기되면서 시작됐다. 김대중 대통령은 2001년 2월 26일~28일 푸틴 러시아 대통령을 국빈 초청하여 남북철도 문제를 논의하였다. 한러 정상회담에서 양 정상은 에너지 및 자원분야 사업 및 TKR·TSR 연결사업과 같은 협력사업을 추진키로 합의하였던 것이다.

하루빨리 남과 북의 끊어진 철길을 복원해 '한반도 신경제지도' 실현을 촉진함으로써 동북아의 경제협력을 이끌어냄과 동시에 새로운 유라시아 시대에 우뚝 선 통일 한국의 꿈과 희망이 실현되기를 기대한다.

22 Column

—

저출산(低出産)
'획기적 대책을'

— 사상 최초 '출산율 1명 미만'

저출산(低出産)은 합계출산율이 인구 대체수준을 밑돌게 되는 현상을 말한다. 초창기에는 남성의 경제력 부족이라는 문제만으로 인식되었으나 점차 개인주의, 가치관의 다원화, 성격문제, 인간관계 스트레스 등 다양한 원인이 존재하는 것이 확인되었다. 중화권과 일본에서는 '소자화'(少子化)라는 용어를 사용한다.

2019년 8월 28일 통계청의 발표한 '2018년 출생 통계'에 따르면 우리나라의 합계출산율은 0.98명으로 처음 출생통계 작성해인 1970년 이후 최저치를 기록했다. 여성이 가임기간(15~49세)에 낳을 것으로 기대되는 평균 출생아 수가 한 명도 되지 않는다는 얘기다.

2018년 출생아 수는 역대 최저 출산율인 약 32만 명으로 기록됐다. 출생아 수 30만 명 시대는 통계청 추계보다 무려 18년이나 앞당겨진 것이다. 이대로라면 2022년에는 출생아 수 20만 명대로 진입하게 된다.

2005년 합계출산율은 1.08명까지 떨어졌지만 그 이후 2012년에 1.30명까지 반등했다. 그러나 2012년 이후 합계출산율은 등락을 거듭하면서 2017년에 1.05명까지 하락했다. 2017년 합계출산율은 2005년 출산율보다 낮아졌다. 그리고 2018년에 합계출산율은 1명 이하로 떨어졌다.

합계출산율 1명 이하라는 수치는 전 세계적으로 한국이 처음이다. 합계출산율 1.3명 미만을 초저출산으로 분류하는데, 합계출산율 0.98명이라는 수치는 대만 1.2명, 일본 1.4명, 캐나다 1.5명 등과 비교하여도 너무 낮은 것이다. 저출산의 심각성을 보면, 2018년 통계에서 우리나라 인구수는 5,160만 명(내국인 4,980만 명)이었고 2030년부터 인구가 감소될 것으로 예상되었다. 그러나 이 기간이 한층 앞당겨질 것은 자명하다.

― 저출산 '무려 153조 원 투입'

정부가 지난 2006년부터 국가가 저출산 정책에 쏟아 부은 재정만 153조 원에 달할 만큼, 저출산은 미래 사회의 잠재적인 성장을 저해하게 만드는 심각한 사회문제다. 우리나라의 저출산 대책은 2005년 노무현 대통령이 '저출산고령사회위원회'를 출범시키면서 나왔다. 당시 참여정부는 2006년부터 5년간 19조 7,000억 원을 투입하는 1차 저출산 대책을 발표했다. 다음 이명박 정부는 5년간 60조 5,000억 원을 투입하는 2차 대책을 발표했고, 박근혜 정부는 2020년까지 108조 4,000억 원을 투입한다고 발표했던 바 있다. 2006년부터 2018년까지 저출

산 대책 관련 예산 규모는 152조 8,000억 원에 달했다.

이렇듯 정부가 천문학적 재원을 투입하면서 다양한 출산정책을 시행했음에도 불구하고, 우리나라는 이제 인구가 감소되는 국가로 바뀌고 있다. 그 원인은 복합적이고 구조적이라 단편적으로 설명하기가 힘들다.

2019년 한국보건사회연구원은 미혼남녀를 대상으로 '결혼에 대한 선호도'와 '자녀가 있어야 하는가'에 대한 의식조사를 시행했다. 그 결과, 남성 50%, 여성 28.8%에서 결혼을 찬성해 남성에 비해 여성이 결혼에 대해 더 부정적인 생각을 가지고 있는 것으로 나타났다. 자녀가 없어도 무관하다는 생각은 여성 48%, 남성 28%이었다.

결국 주거환경, 교육, 노동환경 등의 문제로 인해 출산 주체가 되는 가임기 여성의 초혼 연령 증가와 이들의 결혼 포기로 인한 혼인 건수 자체가 줄어든 것이 결국 초저출산 문제로 이어진 주요 원인이라는 분석이다.

─   '비혼(非婚) 문제' 우선적 초점을

이철희 서울대 경제학부 교수의 '한국의 출산장려정책은 실패했는가? 2000년~2016년 출산율 변화요인'라는 보고서에 따르면, 유배우자 합계출산율(기혼 여성의 출산율)은 지난 2016년 기준 2.23명으로 높은 출산율을 보이고 있다. '기혼 여성'의 출산은 평균적으로 출산율이 낮아지는 작금의 현상과 결정적 연관관계가 형성되지 않음을 알 수 있다.

통계청의 '1인가구의 현황 및 특성' 보고서에 따르면 결혼을 한 번도 한 적이 없는 45세 이상 비혼 가구는 2015년에 44만6,000가구로 이는 10여 년 전보다 무려 40만 가구 가량 늘어난 수치다. 출산은 혼인이 이루어져야 가능하다는 점에서 저출산 문제는 응당 비혼(非婚) 문제에 우선적 초점을 맞추어야 한다. 비혼은 '자발적인' 비혼자와 '비자발적' 비혼자로 분류할 수 있다. 한국 사회에서는 비혼자 중에는 80~90%가 비자발적 비혼자라고 하는 비공식적인 조사가 있다.

비자발적 비혼자가 될 수밖에 없는 원인들로는 마땅한 배우자를 만나지 못하거나, 형제자매가 미혼이거나, 결혼 비용이 부담스럽거나 하는 등이다. 비혼 출산과 양육이 사회적으로 차별받지 않도록 미혼모가 종전의 성(姓)을 그대로 유지하도록 법 개정을 추진하고, 사실혼 부부도 법적 부부와 마찬가지로 난임시술에서 건강보험 혜택 등을 볼 수 있도록 과감한 특단의 대책을 신속히 세워야 한다. 또한 비혼과 함께 만혼도 출산에 영향을 미친다는 점에서 저출산 문제를 분석하기 위해서는 만혼도 다루지 않으면 안 된다

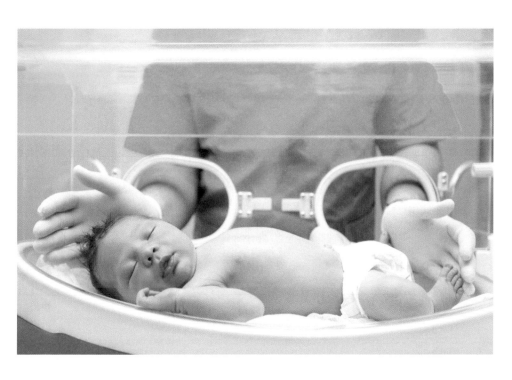

─ 출산율 촉진책 '양성 평등' 구현

출산율 변화를 연구한 수많은 학자들은 불평등과 불균형의 개선이 출산율을 끌어올리는데 핵심이라는 데 동의한다. 여성의 실질적 권리와 지위를 높여주면 사회는 보다 역동적으로 변하고, 가정·사회 경제에 생기가 돌게 된다.

우리나라보다 40~50년 먼저 저출산 문제에 직면해 대책 마련에 성공한 대표적인 유럽 주요 국가들로는 프랑스, 스웨덴, 독일 등이 있다. 이들 국가들 사이에서 저출산 극복 방법에 차이는 있겠지만 '보육과 양육은 국가책임'이라는 인식의 전환으로 저출산 문제에 적극 대처했다. 입양을 장려하고 유치원을 국가가 운영했으며, 천문학적인 자금을 '육아와 보육'에 집중했다.

이렇듯 국가는 자녀를 낳으면 국가가 키워주고 책임져준다는 인식을 줘야 한다. 정부가 '자녀를 낳으면 어떤 지원이 있을까'에 대한 미래비전을 심어줘야 한다. 우리나라에서 출산율을 높이는 방법도 두 가지로 압축된다. 결혼 연령을 앞당기고 혼인율을 높이는 방법과 비혼 독신자들과 부부들이 경제적 제약 없이 출산을 할 수 있도록 제도를 정비하는 것이다.

거시적 측면에서 볼 때, 노동시장에서 여성에 대한 차별을 불식시키고, 경력 단절의 완화를 통해 양성평등을 이루는 것이 매우 중요하다. 미혼 혹은 결혼한 여성이 직장에서 출산 및 육아 등으로 승진, 임

금, 처우 등에서 차별받지 못하도록 법을 재정비할 필요가 있다.

육아휴직 제도, 배우자 출산 휴가 및 탄력근무제나 정시퇴근제 등의 시스템 정착이 한층 필요하다. 또한 자녀 양육 및 교육비에 대한 부담, 일·가정 양립 곤란, 육아시설부족 등 자녀 양육 환경이 미흡한 점 등을 출산과 양육의 장애 요인으로 판단하고, 이를 개선하는 방식으로 저출산 대책에 접근해야 한다.

특히 양질의 보육·교육 서비스 제공을 위해 국공립 어린이집·유치원을 확대하고 만족도를 가일층 심화시켜야 한다. 아울러 비혼모에 대한 사회적 편견과 열악한 양육여건 등으로 직접 양육이 어려운 현실을 개선하기 위해 한부모의 자립을 위한 아동양육비도 상향시켜야 한다.

저출산 대책의 전면적 개혁 방향은 출생부터 아동의 건강한 성장 지원, 아이와 함께 하는 일·생활 균형, 모든 아동과 가족에 대한 차별 없는 지원 대책 등을 정교히 구축하는 것에 공을 들여야 한다. 출산율 수치만 목표로 하는 것이 아니라 아이를 안전하게 키우고 부모와 함께 행복하게 지내는 사회 환경을 만드는 것이 중요하다. 체계적이고 장기적인 계획을 바탕으로 하는 정책 설계와 실천이 매우 세밀하게 요구된다.

23

Column

———

다문화가족
'일체감 갖도록'

― 코리아 '다문화가족' 사회로 급변

　법무부의 2019년 3월 통계에 의하면, 한국에 체류하는 외국인 수
는 250만여 명으로 전체 인구 5,200만 명의 4.6%를 차지한다. 1990년
체류 외국인 수는 5만여 명으로 전체 인구의 0.1%에 불과했으나 30
여 년 만에 그 수가 50배 증가한 것이다. 한국 사회는 세계화, 저출산
·고령화 등과 맞물려 효율적 노동력 확보, 국제결혼 등 사회변화로 인
해 향후 이민 유럽 인구가 지속적으로 증가해 2028년경에는 체류 외
국인이 500만 명을 넘어설 것으로 추산하고 있다.

　한국은 단일민족 국가라는 민족주의, 순혈주의가 다른 국가에 비
해 강하여, 다문화가족은 오랜 시간 혼혈 가족, 혼혈아 등으로 불리며
차별받아 오다가, 20세기말 세계화와 이주화로 인한 외국인 유입 증
가, 국제결혼 급증 등으로 '다문화가족'이 새롭게 조명되고 있다. 일

상 용어로서의 다문화가족은 이주노동자, 결혼이민자, 유학생, 난민, 화교, 북한이탈주민. 주한미군 관련 혼혈인 등 다양한 유형의 종족적 소수자를 아우르는 개념이다.

그러나 법률용어로서의 '다문화가족지원법' 제2조는 다문화가족을 "결혼이민자와 출생 시부터 대한민국 국적을 취득한 자로 이루어진 가족, 또는 귀화 허가를 받은 자와 출생 시부터 대한민국 국적을 취득한 자로 이루어진 가족"으로 정의하고 있다. 2015년 29만 9,241가구였던 다문화가정은 2016년 처음으로 30만 가구를 넘었고, 2018년 33만 4,856가구까지 꾸준히 증가했다.

─   공통적 후유증 '이혼과 폭력'

세계적으로 보편적이고 일상적인 이주화 현상 속에서 다문화가족의 증가는 필연적 현상임에도 불구하고 현재 많은 다문화가족들은 경제적 빈곤, 사회적 부적응, 민족 및 인종 차별, 국제결혼 자녀의 차별 등의 문제에 직면해 있다.

단일민족으로서의 배타성과 많은 사회적 편견과 차별, 이주민가족의 높은 출산율, 현재의 비효율적인 정부 대응 등을 고려할 때 한국에서 다문화가정의 문제는 훨씬 심각한 사회적 후유증을 유발할 것이 명약관화하다. 2012년 여성가족부에서 실시한 전국 다문화 가족 실태 조사에 의하면 결혼이민자 및 귀화자는 한국 생활에서 언어 문제(21.1%), 경제적 어려움(19.8%), 외로움(14.2%), 자녀 양육 및 교육(7.0%), 편견과 차별(7.0%) 등의 어려움을 겪고 있다.

2014년 기준으로 우리나라는 17개 광역 시도별 총 214개 다문화가족지원센터가 국비지원을 통해 설치되었다. 이들 '센터'는 다문화 가족을 대상으로 한국어 교육, 가족교육·상담, 역량강화 지원 등 종합적 서비스를 제공하여 다문화가족의 조기적응 및 사회경제적 자립을 지원하고 있다.

그럼에도 불구하고 국제결혼의 이혼 건수는 증가하고 있다. 한국인 남편과 외국인 아내의 이혼 증감률은 무려 44.5%에 달한다. 심각한 문제는 이들이 한국사회의 새로운 빈곤계층으로 대거 편입되고 있다는 점이다. 전체 결혼 이민자 가구 중 소득이 최저생계비 이하인 가구가 절반이 넘은 52.9%, 기초생활보장 수급가구는 13.7%로 나타났으며, 여성 결혼이민자의 취업률 또한 한국 여성의 취업률(53%)에 훨씬 못 미치는 34%에 불과한 실정이다.

다음으로 가정 폭력이 심각한 수준이다. 2019년 10월 22일 바른미래당 신용현 의원(국회 여성가족위원회)이 경찰청에서 제출받은 '다문화가정 가정폭력 검거현황'에 따르면 다문화가정의 가정 폭력 검거 건수는 꾸준히 증가하는 추세이며, 지난 6년간 4,515건으로 나타났다.

— **또 하나의 문제점 '자녀교육 어려움'**

또 하나의 문제점은 자녀교육의 어려움이다. 결혼이민자 부모의 문화적 정체성과 한국 사회의 문화적 정체성이 서로 다를 때, 국제결혼 가정 자녀들은 정체성의 혼란을 동시에 경험하고 있는 것으로 드러나고 있다.

특히 일상에서 자녀와 많은 시간을 보내는 양육자인 어머니가 한국어에 서툴 경우 자녀의 언어발달에 지장을 주고 있다. 외국인 어머

니의 한국어 능력 부족으로, 유아기·학령기 자녀의 언어발달 및 그로 인한 학업의 지체문제가 나타나고 있는 점이다. 외국인 어머니의 한국어 능력 부족 또는 경제적 여력의 부족으로 유치원 또는 사교육을 받지 못하는 경우가 많으며, 한국가정의 아동들보다 선행학습에서 뒤처지는 것으로 나타났다.

이와 연관하여 다문화가정 자녀를 대상으로 하는 교육에도 쇄신이 이루어져야 한다는 지적이다. 한국의 다문화 교육 정책은 대부분 국제결혼 가정의 자녀를 위한 한국어 및 한국 문화 교육에 초점이 맞추어져 있을 뿐 내국인 자녀를 교육 대상으로 포함한 인권 보호, 차별 철폐 등의 공동체 의식 형성 교육은 매우 더딘 편이다.

다문화가족지원법 제5조에서는 "국가와 지방자치단체가 다문화가족에 대한 사회적 차별 및 편견을 예방하고 사회 구성원이 문화적 다양성을 인정하고 존중할 수 있도록 다문화 이해교육을 실시하고 홍보 등 필요한 조치를 하여야 한다."고 명시하고 있다.

따라서 다문화 교육의 대상은 다문화 가정의 자녀들뿐만 아니라 주류 사회의 구성인과 그 자녀들로 확대되어야 한다. 교육의 내용 또한 한국인들은 인종적·문화적 다양성을 인정하고 존중하는 태도나 인성을 함양하는 데 한층 심혈을 기울여야 한다.

— 지향점! '삶의 질 향상과 사회통합'

한국의 경우, 1990년대 이후 국제결혼이 증가하면서 국제결혼 여성과 다문화가정 자녀에 대한 사회적 관심은 관련 법제정으로 구체화되기 시작했다. 2007년 7월에는 외국인 정책수립과 추진체계 및 재한 외국인 처우, 한국인과 이주한 외국인이 함께 살아가는 환경조성 등을 중심으로 '외국인처우기본법'이 출범되었다. 그 해 12월에는 '결혼중개업의 관리에 관한 법률'이 제정되었고, 2008년 다문화가족의 삶의 질 향상과 사회통합에 이바지함을 목적으로 '다문화가족지원법'이 제정되기에 이르렀다.

그럼에도 '다문화가정 사회'의 삶의 질적인 향상에는 해야 할 일이 산적해 있다. 가장 큰 문제점은 중앙정부와 지방정부, 공공부문과 민간부문, 종교단체의 지원활동 및 사업이 유기적 협력 체계 없이 독립 분산적으로 이루어짐으로써 정책 효율성이 낮고 예산 낭비가 크다는 점이다.

현재 국제결혼 및 다문화가정에 대한 총괄 계획 수립 및 부처 간 조정업무는 국무총리 산하의 '외국인정책위원회'에 주어져 있다. 그렇지만 외국인정책위원회는 단순한 심의 및 자문기구로서 실질적 권한이 부재하며 나날이 그 중요성이 증대하고 있는 외국인과 다문화가정의 문제에 대응할 수 있는 기능과 역할 수행에 문제가 적지 않다. 이제는

'외국인정책위원회'를 대통령직속기구로 하여 권한과 지위를 획기적으로 강화시켜야 한다. 이러한 조치는 이에 대한 사회적 공론화를 활성화하고 합의의 기반을 성숙시키는 데 기여할 것이다.

다음으로 현재 다문화가정 정책은 무려 12개 관련 부처에서 총 7개 과제, 27개 소과제를 분담 시행하고 있다. 결국 효율적이고 체계적인 조정 기관의 부재에 따라 중앙부처 차원 및 지자체 단위에서 일부 사업들이 중복 시행되고 있는 실정이다. 현 정부의 다문화가족정책은 "열린 다문화사회로 성숙한 세계국가 구현"이라는 비전을 갖고 있다. 다문화가족정책은 '다문화가족의 삶의 질 향상 및 원활한 사회적응 지원'과 '다문화가족에 대한 사회적 책임성 제고 및 질 높은 사회통합 구현'이라는 핵심 목표에 집중하고 있다.

'참여와 공존의 열린 다문화 사회'를 목표로 다문화가족 안정적인 정착 지원, 결혼이주자의 사회·경제적 참여 확대, 다문화가족자녀의 안정적 성장지원과 역량 강화, 상호존중에 기반한 다문화 수용성 제고, 협력적 다문화가족 정책운영을 위한 추진체계 강화에 가일층 매진해야 할 것이다. 다문화가족의 사회복지 지원체계의 확립을 위해서는 인권침해와 근로·생활문제 등의 지원을 위한 상담센터의 확대운영을 추진하고, 건강권 보장을 위한 외국인 의료기관 지정운영도 검토할 필요가 있다.

24
Column

대체 산업인력
'외국인 근로자'

— 외국인 근로자 100만 명 시대

2019년 5월 28일 법무부 출입국 통계에 따르면, 2018년 말 기준 장·단기 체류 외국인은 236만7천607명으로 전년 대비 8.6% 증가했다. 전체 인구대비 외국인 비율은 2014년 3.50%에서 4.57%로 매년 증가하고 있다. 인구 100명 중 4.6명이 외국인이다.

국적별로는 한국계 중국인을 포함한 중국이 107만566명(45.2%)으로 가장 많다. 다음으로 태국 19만7천764명(8.4%), 베트남 19만6천633명(8.3%), 미국 15만1천18명(6.4%), 우즈베키스탄 6만8천433명(2.9%), 일본 6만878명(2.6%)의 순이었다.

한국의 외국인은 근로자, 결혼 이민자, 전문 인력, 유학생 등으로 구성되는데, 근로자의 비율이 가장 높고 그 수도 급격히 증가하고 있다. 우리나라가 외국인 근로자 수 100만 명 시대에 돌입했다. 법무부의 집계에 따르면 2018년 6월 말 기준으로 취업(就業) 비자를 받은 외국인 근로자(동포 비자 포함)는 101만8,419명에 달한다. 10년 전에 비해 두 배 가까이 급증한 것이다.

외국인 근로자의 유입 증가 배경은 3D 업종을 중심으로 저임금 노동력의 수요 증가, 출신국보다 높은 임금 수준, 자국 내 취업 기회 부족, 우리나라의 인구 고령화에 따른 노동력 부족 등에서 주로 기인한다. 단순 노동력으로 오는 외국인의 경우, 한국계 중국인을 포함한 중국인의 비율이 가장 높고, 그 다음 동남아시아 인의 비율이 높다. 또한 우리나라에 거주하는 근로자는 20대와 30대 연령층이 대부분이어서 청장년층의 인구 비율이 역시 높다. 외국인 근로자의 주요 분포 지역은 수도권에 절반 이상이 거주하고, 산업 단지가 많은 지역에 주로 거주한다.

— 3D 현상과 '외국인 근로자'

20세기 후반 내국인 노동자들의 특정 업종 기피 현상이 심화하면서 유입되기 시작한 외국인 노동자들은 어느새 한국 노동 시장의 큰 부분을 차지하게 됐다. 현재 한국의 중소제조업은 10%에 가까운 인력 부족률을 경험하고 있으며, 외국 인력을 고용하는 사유에 대해 '인력난 완화'라고 응답한 이들이 81.3%나 된다.

이처럼 외국인 근로자는 내국인 일자리를 잠식하는 형태라기보다는 수요보다 공급 인력이 부족하거나 내국인 인력을 구하지 못해 외국인 노동자들이 그 빈자리를 매워주는 구조다. 낮은 임금과 장시간 노동을 감내하는 외국인 노동자들에게 일자리 부족의 책임을 돌리려 하는 분위기는 분명한 잘못이다.

외국인 노동자들이 세금을 내지 않는다는 인식 역시 사실과 다르다. 국세통계연보를 보면, 2017년 연말정산을 신고한 외국인 노동자는 55만여 명으로 원천징수 형식으로 소득세 7천 700억 원을 낸 것으로 나타났다. 외국인 노동자들이 국내에서 소비를 하기 때문에 부가가치세도 똑같이 낸다.

저출산과 고령화 심화 현상도 외국인 노동자의 유입을 필수적으로 만드는 요소 중 하나다. 한국경제연구원은 "인구의 감소가 직접 노동력 공급의 감소를 유발할 뿐만 아니라 전체 사회의 재화 및 서비스에 대한 수요의 감소로 이어지게 돼 정부의 세수 감소와 고용의 둔화를 유발할 것"이라는 전망을 내놓았다. 이민자 유입을 통해 생산가능인구 목표가 차질 없이 달성된다면 점차 노인부양비가 부담이 낮아질 것이라는 의미이다.

'질 낮은 일자리' 곳곳에 포진

외국인 근로자의 증가는 청년층 인구가 줄어들고 힘든 '질 낮은 일자리'를 찾지 않는 현상과 맞닿아 있다. 힘들고 급여가 낮은 젊은 인력 수요에 허덕이는 업종이 외국인 노동자로 인하여 출구를 찾은 것이다. '이주와 인권연구소'가 2018년 4~8월 외국인 노동자 1,461명을 상대로 설문조사한 결과에 따르면, 평균 노동시간인 주 54.4시간에 대한 최저임금은 약 226만 원인데 반해 외국인 노동자의 평균 월급은 200

만 원 수준으로 낮았다.

통계청에 따르면, 2018년 5월 기준 국내에 91일 이상 체류한 외국인 취업자 수는 88만4,300명에 이른다. 눈에 띄는 분야는 도·소매·음식·숙박업(16만3,200명), 건설업(11만700명), 농림어업(4만9,500명)과 같은 '힘든' 일자리다. 3개 업종의 종사자는 32만3,400명으로 전체 외국인 취업자의 36.6%를 차지한다.

만성적인 일손 부족에 시달리는 제조업 생산 현장과 농업 현장에

는 일찍부터 외국인 노동자들이 자리잡았다. 건설 현장도 마찬
가지다. 2018년 5월 기준 건설업에 종사하는 외국인 근로자
는 22만6,000여 명으로 집계됐다. 합법적으
로 채용된 외국인 노동자가 전체 건설업 인
력의 약 20%를 차지한다.

　이미 농촌에는 일할 젊은이을 찾기란 하늘
에 별따기나 다름없다. 농촌을 떠난 자식들은 돌아올

수 없는 구조이고, 실제로 젊은이들이 농촌으
로 돌아오는 일은 거의 없다. 때문에 외국인 노
동자들을 데려오는 것은 고육지책이다. 요식업
이나 호텔 등 서비스업종에서도 고민은 크게 다
르지 않다. 내국인에 비해 상대적으로 임금이
낮고, 열악한 노동환경에도 적응한다는 점에서
수요가 점차 느는 추세다.

— 　　　3苦 해소 '노동시간·임금체불·산업재해'

외국인노동자는 1980년 중·후반부터 본격적으로 유입됐다. 현재는 외국인 근로자도 국내 근로자수의 중요한 일부를 차지하기 시작했다. 특히 중소기업에서의 인력난을 고려해 볼 때 이러한 증가추세는 당분간 수그러들지 않을 전망이다.

벌써 정부가 직접 이주노동자 수를 관리하는 고용허가제가 올해로 도입 16년을 맞았다. 그리고 한국에서 일자리를 구한 외국인은 꾸준히 증가해 100만 명을 넘겼다. 하지만 이주노동자는 노동시간, 임금체불, 산업재해 등 대부분의 노동 영역에서 여전히 온전하게 보호받지 못한다.

먼저 고용허가제의 족쇄를 어느 정도는 유연하게 해야 한다. 고용허가제는 고용주에게 노동자를 선택할 권한을 주고, 고용주와 계약이

성립된 상태에서만 노동을 허가하는 형태이므로, 노동
자가 사업장에 지나치게 예속될 부작용이 있다. 시민
사회단체들은 궁극적으로 고용허가제가 폐지돼
야 이주노동자의 인권 문제가 풀린다고 주
장한다. '독소조항'으로 불리는 사업장 이
동 금지 제도를 폐지하거나 개선하고, 장
기 체류를 허용할 수 있는 제도를 만들어야
한다는 것이다.

이에 앞서 최소한 기업도산이나 휴·폐업시, 해고나 노동관계법 위
반 및 사용자측의 계약위반시, 차별대우나 폭력 행사 등 인권침해가
있는 경우 등 사용자측의 귀책 사유시, 해당 사업장에서 근로를 계속
할 수 없는 중요한 사유가 있는 경우, 그리고 계약 기간이 지난 후 계
약 경신의 경우 등 일정한 제도하에서 다른 사업장으로 이동할 수 있
도록 해야 한다.

또한 고용노동부 산하의 고용허가제 수습기간 규정 삭제, 이주 노
동자 고용업체의 최저임금법 위반 여부 전면 조사, 표준근로계약서
양식의 전면 개정도 시급하다. 외국인 근로자들을 대상으로 한 근로
법 위반 및 불법 파견이나 법정 근로시간을 뛰어넘는 장시간 노동, 임
금체불 문제에 대한 상시 조사도 병행되어야 한다. 갈수록 외국인 근
로자들의 한국 내 체류가 장기화하고, 가족 동시 체류도 증가하고 있
다. 한국어 교육이나 여성 근로자에 대한 성범죄 예방, 외국인 근로
자 자녀 등에 대한 건강권 보호 등의 정책 마련도 매우 긴요해졌다.

25
Column

신성장동력
'바이오산업'의 비전

── 대한민국 '차세대 먹거리 산업'

바이오산업은 인구 고령화 및 만성질환 증가로 인한 의료비용 급증에 보건·의료 문제, 세계인구 증가와 경작지 감소 등에 의한 식량 부족 문제, 화석연료 고갈 및 환경오염에 따른 지구 온난화와 같은 에너지·환경문제 등 인류가 당면한 딜레마를 해결할 수 있는 수단으로 주목 받고 있다.

바이오산업을 분류할 때 의학 분야는 Red Bio로, 농·식품분야는 Green Bio로, 산업적 생산 분야는 White Bio 등 3가지로 분류하였다. 최근 기술의 융합으로 바이오산업은 더 확장 발전되면서 미용, 화장품산업을 Pink Bio, 타 기술과 융합하는 산업분야를 Gold Bio로 분류하여 크게 5가지 분야로 나누기도 한다.

바이오산업은 기초연구를 바탕으로 기존 분야의 혁신적 발전을 꾀하는 동시에 여타 산업분야를 기술영역으로 포함시키며 발전해 나가는 경향을 보인다. 즉 바이오산업은 화학, 기계, 전자, 전산, 소재 등 이종기술과의 융합을 통해 발전하는 집적화 산업이며 무한한 가능성을 보유하고 있다.

한국의 바이오산업의 발전과정은 80년대의 초기 산업화 과정, 90년대의 연구개발 기반 확충과 산업화의 활성화, 2000년대의 바이오 벤처 중심의 산업 확산 등 10년 주기로 큰 변화를 거치면서 성장해왔다. 우리나라는 1994년과 2007년 1·2차 국가주도 집중 투자로 글로벌 성장 발판을 마련하였다.

정부는 이런 시대적 추세에 탄력을 받아 2020년 바이오산업을 성장 동력으로 안착시키기 위한 전략을 수립했다. 임상 인허가 등 바이오산업 인프라에 대한 부처 간 연계방안을 마련하고, 바이오 클러스터 지원을 체계적으로 추진할 계획이다. 또한 정부는 바이오산업 혁신 가속화를 위해 산·학·연 협력체제 확산을 강화한다.

세부적으로는 먼저 성장가능성이 높고, 선진국과 경쟁 가능한 바이오 의약품 분야를 선택했다. 기업과 시장 요구를 반영하여 기술경쟁력을 강화하고 글로벌 조기 진출을 지원한다. 연구개발·임상·인력·수출 등 패키지 형태의 지원체계 마련이 핵심이다.

정부는 2018년 5월 바이오사업, 빅데이터와 인공지능, 드론 등 13개 분야에 약 1조3,334억 원을 투입하는 것을 시작으로 2022년까지 총 9조230억 원을 지원한다고 발표했다. 특히 13개 분야 중 맞춤형 헬스케어와 혁신 신약개발 2개 분야에만 투자 금액의 절반에 육박하는 4조4,000억 원의 천문학적 재원을 투입한다는 복안이다.

— 풍부한 자금력 '선진국의 각축전'

미국, 일본, 유럽 등 각국 정부는 바이오산업을 21세기 핵심 첨단산업으로 지정하여 지원을 강화함으로써 국가경쟁력 강화를 꾀하고 있으며, 미래 산업주도권 확보를 위한 경쟁이 치열해질 전망이다.

미국은 1992년 대통령 직속 국가경쟁력 강화 위원회에서 산업 경쟁력 강화 분야로 바이오산업을 선정하였고, 21세기를 향한 바이오기술 주도정책(Biotechnology for the 21st Century)을 수립하는 등 국가적 차원에서 바이오산업을 지원·육성하고 있다. 일본은 바이오산업을 국가적 전략산업으로 선정하여 통상산업성을 중심으로 농림수산성 등 6개 부처가 공동으로 전폭 협력하고 있다.

후발 주자인 중국의 무기는 풍부한 자금력이다. 중국 정부는 2015년 3월 바이오기술 등 첨단 산업을 육성하는 '중국제조 2025'를 통해 신약 분야에서 세계시장을 선도해 가겠다는 목표를 세웠다. 중국은 대규모 자금을, 세계 1위 바이오 기술력을 가진 미국 기업에도 투자하고 있다. 블룸버그에 따르면 중국 벤처캐피털은 2018년 1분기에만 미국 바이오기술 기업에 14억 달러(1조5,800억 원)를 투자했다.

— 바이오 산업의 주역 '신약 개발'

신약 개발은 향후 대한민국 제약바이오 산업을 이끌 주역이다. 국내 제약업계는 신약 개발 투자를 지속적으로 확대하고 있다. 신약개발은 세계 신약 개발을 선도하고 있는 미국의 FDA가 신속한 검사와 승인이란 정책적 변화 측면에서 그 전망은 매우 밝다. 이런 결과는 FDA가 신속검사(Fast Track), 우선 심사(Priority Review), 획기적 치료제

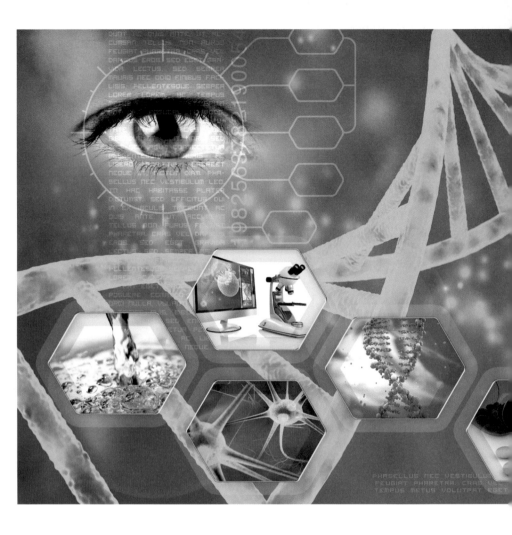

(Breakthrough Therapy), 가속승인(Accelerated Approval)등 신약승인 과정
을 단축시키기 위한 정책을 시행하기 때문이다.

　의약품 정보의 활용 분야는 시장동향 파악 등 시장분석을 통한 마
케팅 전략수립에서부터 임상시험 대상 선정 및 신약과 복합제 개발
등 실제임상근거(Real-world Evidence, RWE) 기반의 성과와 연구를 통한
다양한 제약산업 발전이 획기적으로 모색되고 있다.

　한국 제약산업이 이러한 추세에 부응하기 위해서는 보건의료 빅데

이터에 대한 적극적 이해와 함께 전문적 활용이 매우 필요한 시점이다. 한편 보건복지부는 제약산업계가 보다 쉽고 편리하게 '보건의료 빅데이터'를 접목하게 하는 활성화 방안을 강구중이어서 바이오 제약산업 발전의 새로운 원동력이 될 수 있을 것으로 기대된다.

우리가 누리고 있는 건강한 삶과 평균수명의 연장에는 혁신적인 신약 개발 등 제약산업의 발전이 기여한 바가 크다고 할 수 있다. 제약산업의 발전을 위해서는 정부, 산업계, 연구원 등 각계의 관심과 지

속적인 노력이 요구되며, 혁신적 신약 개발 성과와 함께 그 과정에서 소요되는 막대한 비용과 개발 시간 등을 절감하기 위한 다양한 시도들이 필요하다.

― 산·학·연 '연계·통합 벨트' 강력한 구축

우선 바이오산업의 효율적인 육성과 기술적으로 앞선 선진국과의 치열한 경쟁을 위해서는 국가적 차원의 바이오 인프라 구축이 시급하다. 협소한 내수시장을 극복하고 글로벌 수요가 반영된 연구개발 능력을 향상시키려면 정부가 주도적으로 나서면서 산·학·연 연계·통합 벨트 구축에 강력한 의지를 가져야 한다,

정부 차원에서는 산업화 촉진을 위한 기술혁신의 기반을 조성하려면, 지속적인 투자확대와 동시에 범부처간의 협조하에 부처별 역할 조정이 필요하다. 이에 정부는 제도적 뒷받침하에 핵심기술 집중투자

로 미래바이오시장 선점, 선진 수준의 인프라 구축으로 바이오산업의 조기세계화, 글로벌 네트워크 강화로 개방형 성장전략 수립, 바이오산업 관련제도 정비로 최적 기업환경 조성 등에 초점을 맞추면서 선제적 대응전략에 고심해야 한다.

기업들은 자사의 강점 및 시장 상황을 고려한 유망 분야를 선정하여 제한된 자원을 집중 투입하는 전략이 필요하다. 특히 선진 외국기업들에 비해 경쟁력이 취약한 국내 대부분의 후발 기업들은 경쟁이 덜하거나 선진 기업들이 선점하지 않은 틈새분야 혹은 새로이 형성되는 사업분야 등을 공략하는 것이 효과적이다.

또한 바이오 벤처기업과 대기업 간의 역할 분담을 통한 상생 동반관계를 수립해야 한다. 바이오벤처 기업은 원천특허확보에 주력하고, 대기업은 국제 경쟁력 있는 생산기술개발에 주력하는 실용적 전략 수립이 필요하다. 따라서 바이오 산업분야는 이러한 복합성 때문에 단순히 산업육성의 차원이 아니라, 제반 사회시스템과의 연계 관점에서 거시적 전략을 촘촘히 세워야 한다. 사업별 특성에 따른 세분화와 유연한 접근이 요구된다는 의미이다.

26
Column

'블록체인' 4차 산업혁명
핵심 인프라

— 미래의 비즈니스 '패러다임'

블록체인은 인공지능·빅데이터·클라우드와 함께 4차 산업혁명 시대의 미래 먹거리로 꼽힌다. 인공지능(AI)과 사물인터넷(IoT) 기술이 4차 산업혁명시대 신산업을 촉발했다면 블록체인 기술은 미래의 비즈니스 패러다임을 바꿀 거래기술을 발전시킬 것이다. 4차 산업혁명시대 경제의 핵심 인프라는 블록체인(Block Chain)이 될 것이다.

블록체인 혁명(Blockchain Revolution)의 저자 돈 탭스콧(Don Tapscott)은 블록체인을 '제2의 인터넷 혁명'이라 명명하고, 미래에 블록체인이 가져올 변화는 또 다른 산업혁명에 비견될 만한 충격일 것으로 예측한다. 지금까지의 인터넷이 정보제공 기능에 충실했다면, 블록체인은 객체 간 정보 교류과정에서의 투명성과 신뢰성 향상을 통해 새로운 가치를 더해 준다는 것이다.

신뢰는 사람들 간의 상호작용을 위한 윤활유와도 같은 필수 사회 자본 중 하나다. 줄을 서고 있으면 차례에 따라 내가 다음 순서가 된다든가, 교통신호 준수도 나 이외의 타인들도 응당 그리 할 거라 믿고 있기에 가능한 것이다. 하지만 이런 신뢰는 현재 중앙집권형 기관들에 의해 통제되고, 중앙화된 전산기록 시스템에 의해 관리되곤 한다. 그리고 지난날 발생한 금융위기처럼, 신뢰를 잃는 일이 발생하면 중앙화된 기관들은 회계처리의 계정과목을 제멋대로 바꾸는 일을 자행했고, 그 피해는 고스란히 개개인들에게 돌아갔다.

이런 역기능을 일거에 해소시킬 수 있는 블록체인 기술은 중앙의 통제자나 중개인을 거치지 않고 인터넷상에서 가치를 옮길 수 있는 혁명적 대안이다. 블록체인 기술의 초점은 중앙집권적인 시스템이 아닌 정보 분산화를 지향한다. P2P(Peer-to-Peer) 네트워크 방식에 기반을 두어 거래가 발생할 때마다 네트워크 구성원들의 동의를 거쳐 거래가 인증된다. 자연스럽게 거래 신뢰성이 높아지고 해당 거래정보의 기록이 네트워크 참가자들의 개인 컴퓨터에 분산·저장되기 때문에 외부로부터의 해킹 공격을 방지할 수 있다.

특히 탈중앙화한 네트워크 덕분에 이러한 분산원장기술을 바탕으로 거래 중개자 없이도 거래 개인정보 보호, 장부 대조와 정산, 네트워크 개발과 유지 보수 등의 구축에 드는 비용 절감은 물론 효율성과 투명성을 제고할 수 있다.

— **의식주 전반 '디지털융합' 플랫폼화**

블록체인은 데이터를 저장하는 방식이 우리가 이제껏 사용해온 컴

퓨터와 다른 기술을 가진 새로운 컴퓨터 생태계다. 전 세계 모든 컴퓨터에 연결하여 데이터를 복제해 저장하는 까닭에 속도가 빠르고, 데이터를 훨씬 더 안전하고 투명하게 보관할 수 있다.

이런 무한 장점을 지닌 블록체인은 스마트 계약과 밀접한 연관성을 맺고 있다. 스마트 계약은 정보기술이 발달한 최근에 와서야 현실화될 수 있었다. 그 기반에는 '블록체인' 기술이 자리잡고 있기 때문이다.

'스마트 계약(Smart contract)'은 입력된 조건이 모두 충족되면 자동으로 계약을 이행하는 '자동화 계약' 시스템이다. 기존에는 계약이 체결되기까지 수많은 문서가 필요했다면, 스마트 계약은 계약 조건을 컴퓨터 코드로 지정해두고 조건이 맞으면 계약을 이행하는 방식이다. 스마트 계약을 통해 사람들은 부동산, 주식 등 다양한 것을 거래할 수 있고 제3자 없는 당사자 간 거래가 가능하다.

모든 거래가 투명한 민주화 시스템

이제 블록체인 기술은 인간이 생활을 영위하는 의식주 전반에 침투해가고 있는 조짐이 역력하다. 금융과 통신, 유통이 하나로 연결되는 '디지털융합'을 통해 플랫폼화가 이루어질 것이다.

금융분야를 보면, 블록체인 기술을 처음 도입한 곳은 은행권이다. 미국의 컨설팅 기업 '액센츄어(Accenture)'는 전 세계 최대 투자 은행들이 블록체인 기술로 어음교환과 정산의 효율성을 향상시킨다면 연간 약 100억 달러의 비용을 절감할 수 있을 것이라고 추정하고 있다.

금융권에서는 암호화폐, 해외송금, 장외거래, 데이터 저장·보호·전달 등의 형태로 활용되고 있다. 암호 화폐는 제3자 신용기관 없이 사용자 간의 인증을 통해 안전하게 유통이 가능하도록 한다. 또 해외 송금을 할 경우에도 수수료를 획기적으로 낮출 수 있으며 데이터 저장 및 보호도 할 수 있다.

특히 대출에서 신속한 거래가 촉진될 것이 틀림없다. 대출을 받는 사람들은 급여 명세서, 소득 신고서, 은행 잔고 증명서, 각종 영수증과 함께 당시 어떤 은행 직원이 처리했는지 등에 대한 서류를 빠짐없이 제공해야 한다. 그러나 블록체인 기반 솔루션은 이런 복잡함을 일거에 해소시켜 줄 것이다.

물류의 혁신효과를 볼 수 있다. 물류와 유통 분야에 블록체인을 활용해 서류, 행정 처리 비용과 시간을 효율성 있게 관리할 수 있다. 가

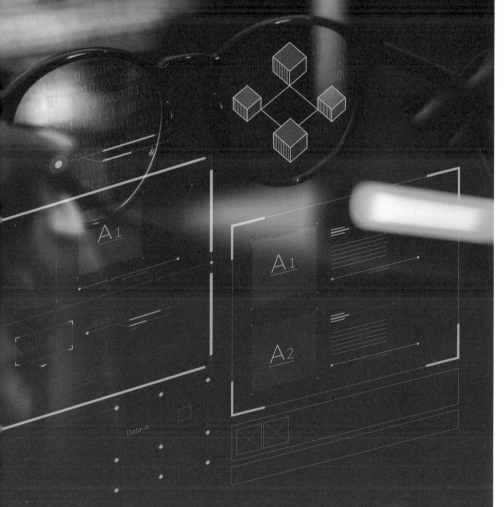

령 국제거래에서 공급체인의 주요 참여자인 송하인, 세관원, 수하인 등은 블록체인으로 문서를 공유하면 어느 기관에서든지 현 상태를 신속하게 파악이 가능하다.

특히 소비자들이 음식의 유통 경로에 대해 지대한 관심을 갖게 되었고, 소매업자와 식당들은 원래 계약했던 대로 재료가 들어오는 것인지 정확히 확인할 수 있는 방법을 찾게 됐다. 재료가 수확된 장소에서부터 최종 소비자가 구입하는 장소까지 전체 유통 경로를 세밀하게 추적할 수 있다. 공급망의 모든 단계에서 변경 불가한 데이터가 블록체인에 추가되기 때문이다.

농산물 공급망은 농부, 중개인, 유통업자, 가공 처리자, 소매업자, 규제 담당자와 소비자 등으로 복잡하게 얽힌 네트워크로 구성돼 있다. 블록체인 기술을 도입하면 식품의 온도 및 품질, 배송 일정 등 주요 정보를 자동 추적하여 공급망 관리 절차를 간소화할 수 있게 되었다. 또한 오염된 먹거리의 원인을 보다 쉽게 파악하여 개선할 수 있게 된다.

의료분쟁을 해소할 수 있다. 의료분야에서는 블록체인 기반의 애플리케이션을 활용해 전자 의료기록과 기타 유형의 의학적 데이터들을 추적하는 작업에 착수한 상태다. 블록체인은 개인이 평생 동안 진료 받은 모든 의료 내역을 완전하고 정확하게 저장할 수 있도록 한다. 환자 개개인은 자신의 주치의사와 병원과 약국이 자신의 병력과 관련된 모든 데이터를 검토했는지 확인할 수 있다. 최근 불거지고 있는 의료 사건·사고들에서도 치료 행위와

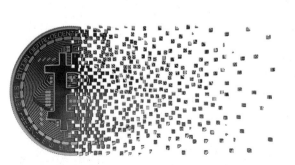

관련된 일련의 기록을 환자와 병원, 보험사가 블록체인화된 분산원장을 통해 공유한다면 사고원인 등을 좀 더 쉽게 밝혀낼 수 있을 것이다.

— '국가핵심 인프라 기술' 적극 투자를

블록체인은 21세기 총아인 빅데이터 관리와 운용에 기반기술로 쓰이면서 새로운 가치를 발굴해 내고 산업 생태계 대변혁의 물꼬를 틀 것이다. 블록체인이 지속적으로 발전되고 개선될수록 산업 전반에 적용되는 사례가 늘어날 것이고, 새로운 직업과 업무들이 발생할 것이다.

이처럼 제4차 산업혁명시대에 블록체인은 앞으로 다양한 산업 분야와 융·복합되어 혁신적인 변화가 지속될 것으로 예상된다. 또한 미래 블록체인은 비단 경제뿐만 아니라 정치, 사회적으로도 더 큰 변혁을 이끌 원천 기술이 될 것이다.

블록체인 관련 개발 전문 인력을 다수 양성하면, 국내 일자리 창출은 물론 세계 시장을 주도할 수 있는 기반을 마련할 수 있을 것이다. 한국 정부는 6개 과제의 블록체인 정부사업을 지속 사업으로 전개하고 있다. 투명한 전자투표 시스템, 블록체인 기반 전자문서 발급 인증 시스템, 믿을 수 있는 축산물 이력관리 시스템, 종이 없는 스마트계약 기반 부동산거래 플랫폼, 빠르고 효율적인 스마트 개인통관 서비스, 청년활동지원 온라인 플랫폼 등이다.

블록체인의 가능성에 주목하고 블록체인이 향후 국가 핵심 인프라 기술로 어떻게 응용될지 고민해야 할 시기이다.

27

Column

제조업 혁신
'3D 프린터'

─ 미래 10대 기술 중 '핵심 아이템'

2012년 세계경제포럼(WEF, World Economic Forum)에서 3D 프린터가 미래 10대 기술 중 두 번째로 중요한 핵심 기술로 발표됐다. 2012년 미국의 저널리스트 크리스 앤더슨(Chris Anderson)은 본인의 저서 '메이커스(MAKERS)'를 통해 3D 프린터로 인해 새로운 산업혁명이 일어날 것이라고 주장했다.

전통적인 프린터는 종이와 같은 2차원 평면에 텍스트나 이미지로 구성된 문서 데이터를 출력하는 반면에, 3D 프린터 기술은 컴퓨터 내에서 작업된 3차원 모델링 데이터를 3D 도면을 바탕으로 3차원의 입체적인 공간에 물체를 만들어내는 기계를 뜻한다.

가공의 용이성 등의 이유로 초창기 대부분 소재는 플라스틱을 사용하였다. 하지만 점차 종이, 고무, 콘크리트, 식품에 금속까지 재료의 범위가 점점 넓어지고 있다. 따라서 활용 분야도 단순히 조형물 출력뿐만 아니라 가전제품, 방위산업, 건축, 교육 의료분야 등으로 대폭 확대되고 있다.

— '맞춤형 제품 생산' 새로운 가치창출

세계 4대 회계법인 중 하나로 매년 다양한 산업 예측 보고서를 작성하는 '딜로이트(Deloitte)'는 3D 프린터와 관련된(프린터 제조, 재료, 서비스 등) 대형 업체들의 매출액이 2019년에는 3조 500억 원을 넘어 2020년에는 3조 4천억 원에 이를 것으로 예상한다. 이 수치는 지난 2014~16년간 이루어진 성장세와 비교할 때 무려 2배 이상 높은 수치에 해당한다.

3D 프린팅 혁명은 가속화되고 있다. 이제 3D 프린팅은 시제품 제작을 넘어 상용 제품 제작 기술로 진화하고 있다. 3D 프린팅의 장점은 아무리 복잡한 구조로 이루어진 물건이라 하더라도 빠르고 쉽게 출력할 수 있다는 점이다. 그 실례를 들어보면, 적용 범위가 무궁무진함을 절실하게 알 수 있다.

기존 제조 방식을 완전히 대체하기보다는 3D 프린팅이 강점을 가진 소량의 맞춤형 제품 생산과 복잡한 디자인 제품 생산 영역에서 새로운 가치창출의 수단으로 활용되고 있다. 3D 프린터가 가장 활발하게 활용되고 있는 분야는 보청기, 치과 가공물, 의수·의족과 같은 의료 보조 기구 분야이다.

3D 프린팅 기술로 신체 뼈의 구조를 원형과 매우 흡사하게 복제한다. 또한 3D 프린터로 제작한 '그물망 깁스'는 환자에게 정교하며 신

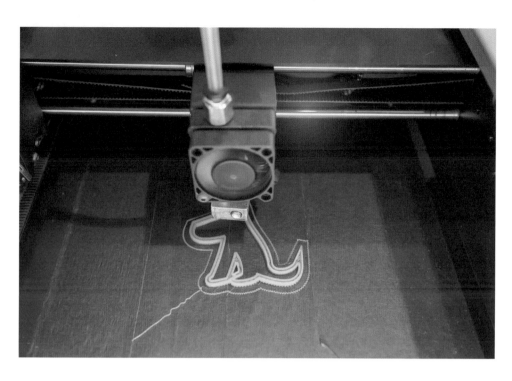

속하게 제공할 수 있고, 통풍이 잘 되며 세척까지 가능하여 환자들에게 기존 제품보다 매우 편리할 것으로 전망된다.

생활용품 업체 프록터앤갬블(P&G)과 화장품 업체인 로레알도 최근 3D 프린터를 이용해 피부조직을 만드는 '바이오프린팅' 사업에 뛰어들었다. 사람 피부와 가장 비슷한 제품을 만드는데 활용한 연구로 획기적인 제품을 만들겠다는 복안에서이다. 세계적 토털 뷰티 케어 업체인 프랑스 '로레알' 역시 미국의 생명공학 스타트업 기업인 '오가노보'와 손잡고 인간 피부를 생성하는 3D 프린팅 기술 개발에 착수했다.

— 　제조업의 혁명 그 이면의 '복병들'

3D 프린팅의 비용이 계속 낮아지면서 제조업의 '르네상스'가 펼쳐질 수도 있다. 값싼 노동력을 찾아 해외로 생산시설을 이전했던 제

조업체들이 국내로 돌아오게 될 것이기 때문이다. 하지만 한편에서는 국내의 제조업 일자리가 사라질 가능성도 있다. 3D 프린팅 기계가 공장에서 사람을 대신해 상시적으로 제품을 생산할 수 있기 때문이다.

국가 경제적인 측면에서 살펴보면, 3D 프린팅이 비용을 낮추면서 공장에서는 인간의 노동을 3D 프린터가 대체하게 될 것이다. 기존의 기업들은 3D 프린터를 잠재적인 위험으로 인식하여 그들의 지적재산권의 보호를 위하여 3D 기술을 억제하려고 할 것이다.

컴퓨터 프로그램을 이용해 자신만의 장신구, 용구, 선반, 장난감을 설계하고 이를 기계에서 만들어낼 수 있다. 특허 소유권자들은 소비

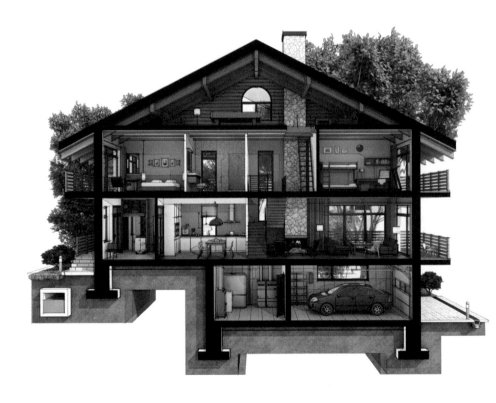

자들이 복제품을 만들어내지 못하도록 하려는 시도를 할 수 있지만, 복제품을 일일이 추적하기가 쉽진 않을 것이다.

상상 속에서나 가능했던 일이 '3D 프린터' 개발로 현실화되고 있다. 하지만 '21세기의 연금술'로 불리는 3D 프린팅 기술은 제작·유통 방식의 혁명을 가져오는 동시에 각종 윤리적·법적 문제를 불러일으킬 것으로 전망된다. 3D 프린팅과 연관된 문제가 현재까지는 실제로 발생하진 않았지만 이 기술이 좀더 보편화되면 법적 문제가 분명 대두될 것이다.

── 저작권 개념의 '새로운 변화'

이제 3D 프린팅 기술을 그저 첨단 제조 도구 중 하나라는 관점만이 아닌, 지적 재산권 보호 측면에서도 바라보는 다면적인 접근 방식이 필요하다. 3D 프린팅으로 발생할 수 있는 지적재산권 이슈에 대해 심각하게 고민해 보아야 한다.

3D 프린팅 기술 영역은 빠른 속도로 확대되고 있지만, 그 부작용을 해결할 법적 방안은 전무한 상태다. 미국과 일본 등이 범국가 차원에서 관련 문제를 다룬 적이 있으나 3D 프린터 출현 이전에 만들어진 법을 적용한 탓에 곤란한 상황에 직면하게 된 것이다.

3D 프린터는 저작권 개념에도 변화를 가져오고 있다. 저작권은 책, 음악, 영상물 등 '지적 소유물'을 보호하기 위한 수단으로 나온 개념이다. 하지만 3D 프린터 등장으로 소비자들은 현실에서 물건을 사는 대신에 사이버공간에서 내려 받은 도면으로 물건을 생산한다. 음악과 동영상을 복제하듯이 물체를 복제하는 게 가능해진 것이다.

　초콜릿 캔디, 바이오닉 의수와 의족까지, 3D 프린팅 기술은 기업 규모와 상관없이 모든 제조 분야에서 사용될 수 있기에 그 가능성 역시 무궁무진하다. 물론 기회에는 리스크가 따르기 마련이다. 제조업 기업이 맞닥뜨리는 주요 문제 중 하나는 바로, 이런 새로운 제조 환경에서 어떻게 개인의 지적 재산권을 보호할 것인가라는 것이다. 3D 프린팅의 단계에서 특허권, 저작권, 상표권, 디자인권의 침해가 발생할 것이다.

　3D 프린팅 사업체인 '뉴프로토'는 최근 드라마 '왕좌의 게임'에 등장하는 왕좌를 본떠 스마트폰 충전 거치대 3D 도면을 만들었다. 이로 인해 '왕좌의 게임'을 방영 중인 미 방송 채널 HBO는 뉴프로토가 저작권을 침해했다며 제소했고, 두 업체 간 갈등은 지속되고 있다.

3D 프린터가 개인에게 널리 보급되어 3D 데이터를 이용한 3D 프린팅이 보편화될 경우, 지적재산권 보호체제에 어떤 영향을 미칠 것인지에 대한 분석과 평가를 토대로 대응방안을 강구해보아야 한다. 3D 프린터 시장 규모가 커질수록 지적 재산권 침해 사례는 급증할 것이다. 관련 분쟁을 해결하기 위해 3D 도면 저작권 관련법과 규제의 수립이 시급하다. 빠른 시일 내에 마땅한 법을 제정하지 않으면, 이 기술은 우리를 점차 옥죄일지도 모른다.

또한 민감한 윤리적 측면과 보안 문제에 대해서도 깊게 고민하여보아야 한다. 윌슨이 창립한 총기도면 공유단체 '디펜스디스트리뷰티드'는 세계 최초로 3D 프린팅 기술을 활용한 권총 제조법을 인터넷 사이트에 게재했다. 곧이어 3D 프린터로 만든 금속 총까지 탄생했다.

또한 어떠한 자물쇠도 해제할 수 있는 '만능 열쇠'가 3D 프린터로 만들어져 독일에선 절도범죄 증가 우려가 높아졌고, 지문이나 신체 조직을 이 기술로 복제해 기밀 정보를 빼낼 수 있다는 사실이 알려지면서 각국 정보기관의 보안 문제에 비상이 걸린 바 있다. 추후 3D 프린터 창작물들의 3차원 도면이 해킹을 통해 인터넷상에 나돌게 될 때 차단할 방법을 찾기는 매우 어려워질 것이다. 이전과는 매우 다르게 나타날 신저작권의 유형과 보안 문제에 미연의 입체적이고 창의적인 해법을 제시하는 데 한층 고민해야 할 때이다.

28
Column

제4차 산업혁명
'일자리 창출전략'

― '직업'의 판도가 완전히 달라질 것

제4차 산업혁명은 '초(超)연결' '초(超)지능'을 지향하며 이제껏 인간이 한 번도 경험하지 못했던 세계로 진입하는 미래사회를 가리킨다. 혁명(革命)이란 기존에 존재하던 모든 게 혁신을 거듭하고 혹은 파괴적 혁신을 통해 변화하는 현상을 일컫는다.

로봇이 말하고 인공지능으로 학습하는 4차 산업혁명 시대에는 정보의 융합으로 혁신이 빠르게 진행되면서 대대적인 일자리 구조 변화의 쓰나미 현상은 피할 수 없는 현실이다. 클라우스 슈밥이 제4차 산업혁명을 선언하면서 제시한 보고서도 '일자리의 미래'에 대해 우울한 전망이 담긴 보고서였다.

제4차 산업혁명 시대로 불리는 요즘, 전문가들은 향후 10년 안에 '직업'의 판도가 완전히 달라질 것이라고 예고하고 있다. 우리 대한민

국은 사무, 행정, 제조, 건설 등 제조업 기반의 전통적 노동시장이 상당 부분을 잠식당할 가능성이 큰 상황이다.

한국노동연구원에서 발표한 '기술 진보에 따른 노동시장 변화와 대응' 자료에 따르면, 한국 전체 일자리의 55%가 기계로 대체될 가능성이 높은 직업군이고, 한국고용정보연구원은 2025년이 되면 기계로 대체될 가능성이 높은 직업의 비중은 70.6%에 육박할 것으로 내다봤다.

지난 2013년부터 신직업 연구를 진행해 온 한국고용정보연구원은 이 같은 4차 산업혁명에 따른 생활상의 변화를 토대로 요금수납, 콜센터 요원(상담원 및 안내원), 생산 및 제조관련 단순직종사원, 배송작업원 등의 일자리가 기계로 대체될 가능성이 높다는 분석이 나왔다.

— 어떤 직업이 인기직종으로 급부상할까?

4차 산업혁명 시대를 맞아 고용정보원이 일자리 증가를 예상한 유망 직업으로는 사물인터넷전문가, 인공지능전문가, 빅데이터전문가, 가상(증강·혼합)현실전문가, 3D 프린터전문가, 드론전문가, 생명과학연구원, 정보보안전문가, 소프트웨어개발자, 로봇공학자 등이 꼽혔다.

조만간 가상현실전문가, 공유경제컨설턴트, 로봇윤리학자, 스마트팜구축가, 동물매개치유사 등이 유망 직업으로 급부상할 것이다.

'가상현실전문가'는 각종 응용분야에서 다양한 세계를 생동감 있게 체험할 수 있도록 하는 시스템을 개발하는 직업을 말한다. '공유경제컨설턴트'는 공유경제를 실현할 수 있는 아이템을 찾고 이를 토대로 공유경제 비즈니스 모델을 개발·실행하는 직업을 말한다.

'로봇윤리학자'는 자동화된 시스템에서 기계나 컴퓨터 혹은 인공지능이 판단을 내려야 할 때 어떤 윤리 기준을 적용하는 것이 옳은지 연구하고 적용하는 업무를 진행하는 직업이다. 또 '스마트팜구축가'는 사물인터넷 기술을 농가에 적용한 것으로, 스마트폰과 같은 기기를 통해 비닐하우스의 환경을 조절할 수 있는 스마트팜을 개발하고 설치해주는 직업이다.

'동물매개치유사'는 개, 고양이, 말, 새 등 반려 동물들을 통해 마음의 상처를 입은 이들에게, 반려동물과의 교감을 통한 신체적·사회적 기능 향상을 돕는 역할을 수행하는 직업이다. 우울증, 대인기피증 등으로 고통받는 사람부터 주의력결핍 과잉행동장애(ADHD) 환자까지 다양한 이들에게 적용될 수 있을 것으로 기대를 모으고 있다.

범죄예방환경전문가, 감정노동상담사 등도 4차 산업혁명 시대에 유망받는 직업군으로 손꼽힌다. 또한 4차 산업혁명 시대에는 어려운 사람을 돌보고 삶의 질을 개선하는 데 기여하는 직업도 유망할 것이다. 또한 첨단과학이 발달하면서 양극화가 심해지고 상대적으로 소외되고 어려운 사람이 많아질 수 있어 이들을 돌보고 삶의 질을 개선하는 분야의 일자리가 늘어날 것이다.

― 직업군의 급부상과 쇠락 '대응전략 시급'

과학기술정보통신부는 제4차 산업혁명 시대 새로운 정책적 수요를 반영하여 SW 혁신성장을 가속화하기 위한 정책 발굴·실행에 주력해 왔다. 과학기술정보통신부는 2018년 9월 11일 개최된 제7차 일자리위원회를 통해 제4차 산업혁명 시대 혁신성장을 통한 '소프트웨어(SW) 일자리 창출 전략'을 확정하여 발표하였다.

세부적으로는 제4차 산업혁명 선도 SW인재육성, SW혁신기업 성장환경 조성, SW중심 경제·산업체제 전환 촉진, SW산업 생태계 혁신 등 4대 전략 제시에 초점이 맞추어진다. 이처럼 정부는 제4차 산업혁명에 대비하여, 미래 산업수요에 신속 대응하는 것을 골자로 하는 제도개편안을 발표했으나 융합 기술과 유연적 기술 수요에 대한 대응전략은 여전히 미흡한 실정이다.

이렇듯 정부는 새로운 직업군의 급부상에 따라 기업과 개인이 신산업 영역을 개척하고 새로운 일자리를 창출할 수 있도록 규제를 과감히 철폐하고, 신직업 발굴과 창업 활성화를 지원해야 한다. 특히 직업군의 부상과 쇠락의 급변이 예측되기에 향후 직업훈련에 기반을 둔 인력 공급은 저학력·저임금 근로자의 고용유지를 위한 장기적이고 개인 맞춤형 훈련에 중점을 둘 필요가 있으며, 이에 따라 특정 기술업종의 자격증 취득 지원보다는 기술 간 융합 역량 향상 중심의 직업훈련체계로 전환 필요성이 대두된다.

여기에 덧붙이면 제4차 산업혁명이 제기하는 새로운 도전에 대응하되 1, 2, 3차 산업혁명 전략의 연속성도 종합적으로 고려하여 전략을 수립해야 한다. 한편 산업계는 설비자동화 등 4차 산업혁명을 추진하는 데 있어 근로자와 노조가 이해를 같이하고 협력해야 하고, 근무 환경과 근로시간, 채용, 교육훈련 등 조직 및 인사관리 제도를 유연하게 시급히 재구축해야 한다.

— **법과 제도의 혁신에 '중지 모아야'**

4차 산업혁명 시대, 미래산업과 일자리 창출을 위해서는 법과 제도의 혁신에 우리 모두가 함께 노력해 나가야 한다. 드론배달산업은 항공 규제로, AI의료서비스는 의료법 위반으로, 빅데이타 서비스는 개인정보보호법 제한으로 기업들의 접근조차 어려운 분야가 되고 있다. 이에 기업이 변혁을 시도하려면, 정부가 투자자이자 조정자의 역할을 해주어야 한다. 거기에 맞춰 규제 혁신도 동반되어야 한다.

제4차 산업혁명은 사회 시스템 전반에도 큰 변화를 줄 것으로 예상되기에 제기될 다양한 사회적 이슈를 해결하기 위해서는 기존 사회 시스템의 혁신이 필요하다. 따라서 제4차 산업혁명에 대응한 국가 대응체계의 각 기능이 원활하게 작동하고 있는지 종합적으로 점검하고 주체, 내용, 방법 등을 구체화해야 한다, 고령화, 인력부족, 안전관리, 재난재해, 환경오염, 기후변화, 자원고갈, 보건의료, 도시화, 식품안전, 사이버보안 등 국가가 직면한 문제들을 신기술을 통해 해결하는 방안을 적극 모색해야 한다는 의미이다.

궁극적으로는 산업의 등장·소멸 및 성장·침체, 가치사슬 및 고용구조 변화 가능성을 분석하여 산업별, 직업별, 사회 부문별로 어느 정도의 영향을 미치게 될지를 종합적으로 전망할 필요가 있다.

궁극적으로 제4차 산업혁명은 인간의 육체노동뿐만 아니라 창의적 노동까지 대체 가능한 시대를 의미한다. 이에 제4차 산업혁명의 선제적 대응 전략으로, 교육제도를 창의성 개발 중심의 학습체제로 전환, 다양한 근로형태를 유지할 수 있는 임금 및 복지제도 도입, 신기술을 활용한 신규 일자리 창출 전략이 제시되어야 한다. 따라서 정부가 역점을 두고 추진하는 일자리정책의 목표는 4차 산업혁명의 대변혁기에 우리 경제와 기업들의 경쟁력 패러다임 전환을 뒷받침하면서 동시에 양질의 일자리를 창출할 수 있는 고용친화적, 경쟁력 제고정책의 마련에 중점을 두어야 한다.

29
Column

교통혁명
'자율주행차' 시대 도래

— 기존 교통체계 '대체할 혁신 기술'

제4차 산업혁명에서 지상교통 혁신의 주체인 자율주행차(Autonomous Vehicle)는 운전자가 직접 조작하지 않아도 자동차가 주행환경을 인식해 위험을 판단하고 주행경로를 설정해 스스로 운전하는 자동차 시스템이다. 철도나 항공기에만 적용되던 자율주행 시스템이 모든 자동차에 적용되는 시대가 오고 있다. 19세기 말 등장한 자동차가 사회와 산업의 지형도를 바꾼 것처럼, 자율주행차는 또 한번 생활과 산업 전반을 혁신할 기술로 기대된다.

자율주행차는 4차 산업혁명을 대표하는 기술로 우리의 삶을 바꾸고 새로운 산업과 시장을 창출할 것이다. 자율주행 자동차는 정밀지도와 주변 환경 인식 센서, 외부 네트워크를 통해 다른 자율주행 자동차들과 교통 정보를 공유할 수 있으므로 연료 소비나 이동 시간을 최적화할 수 있다. 자율주행 기술의 안전성이 검증되면 자율주행 자동차의 대중화 시대는 대폭 앞당겨질 것이다.

글로벌 시장조사업체 주니퍼 리서치는 2025년까지 전 세계에 약 2,200만 대에 달하는 자율주행차가 보급될 것으로 전망하고 있다. 세계적인 경영컨설팅 기업인 보스턴컨설팅그룹(BCG)은 전 세계 자율주행차 시장 규모가 2025년에는 420억 달러 규모로 증가할 것으로 전망하고 있다.

한국의 현대자동차 그룹은 2015년 11월 제네시스로 서울 도심에서 자율주행 기술을 국내 최초로 선보였으며, 2017년 1월에는 자율주행 4단계인 '완전 자율주행'을 탑재한 아이오닉으로 미국 라스베이거

스에서 야간 주행에 성공했다. 'SKT'와 'KT' 등 통신사도 자체 보유한 기술로 시험용 자율주행차의 임시운행 허가를 취득해 스마트도로, 관제센터 등과의 통신용 '자율주행차-5G망' 연동을 테스트 중이다.

― **교통사고 줄이며, 물류혁신 기대**

현재 차량 물류는 운전자에 대한 안전규제로 보통 하루의 절반 이하로밖에 운행하지 못하지만, 자율주행 자동차가 도입되면 24시간 배송이 가능하여 현재 인프라 안에서 처리할 수 있는 물동량이 2배 이

상 늘어나는 효과가 발생할 것으로 전망된다.

자율자동차는 물류혁신은 물론 교통사고의 대폭 급감이 예견된다. 세계적으로 매년 120만 명이 교통사고로 숨지는데, 상당 부분 운전자 과실임을 고려하면, 교통사고로 인한 사망·부상자의 획기적 감소가 가능하다.

교통사고의 원인 중 가장 위험한 건 '운전자의 안전 불감증'이나 '부주의한 운전 습관'이다. 운전자의 작은 방심은 교통 법규 위반이나 안전띠 미착용, 졸음운전 등을 부르고 자칫 음주 운전이나 과속 운전 혹은 보복 운전처럼 '위험한 운전'으로 이어질 수 있다.

궁극적으로 교통 공학자를 비롯한 전문가들은 자율주행의 시대가 오면 정체 현상, 교통사고, 심지어는 신호등도 사라지게 될 것이라고 예측한다. 네트워크를 통해 운행 정보를 주고받는 자율주행 자동차는 정체현상을 해소시키고, 사고 발생률을 10분의 1 수준으로까지 줄일 수 있을 것이라는 점이다.

— 차량 내부 '다양한 문화 꽃필 것'

주말이나 연휴에 꽉 막힌 도로에 갇혀 시간을 소비할 때, 장거리 이동 시 몸이 피곤할 때, 회식 후 음주로 인해 운전하지 못할 때, 초보 운전이라 주차를 못해 당황할 때, 차가 알아서 운전해줬으면 하는 상상을 해본 경험이 한 번쯤은 있을 것이다. 이제 이런 상상이 현실이 될 날이 머지않았다. '자율주행차' 시대가 본격 도래하면, 그 편리함과 혜택은 이루 말할 수 없을 것이다.

첫째, 가장 중요한 생명의 보호이다. 자동차 사고는 주로 운전자들

의 실수에서 비롯된다. 또한 사람은 졸음, 시력, 반응 시간 등 육체적 한계를 지니고 있다. 반면 무인자동차는 인간의 육체적 한계를 뛰어넘는 능력을 가지고 있어 사고가 날 확률을 줄여준다. 둘째, 시간과 에너지 낭비를 줄여줄 것이다. 무인자동차는 교통 혼잡을 해소해 운전 시간을 줄여주고 이에 더해 무인 자동차는 주차 장소를 찾는 시간과 주차하는 시간을 줄여준다.

또한 자동차 안에서 여가 활동이나 다른 생산적인 일에 시간을 활용할 수 있을 것이다. 자율주행차의 인터페이스 공간은 대부분 업무, 휴식 및 오락을 중심으로 재편될 것이다. 물론 원한다면 업무도 가능하고 자동차에서 영화를 감상하거나 수면까지도 취할 수 있을 것이다. 장거리를 여행해야 하는 경우 자동차에 침상을 마련하고, 회의실로 사용할 수도 있다.

— 해결 과제 '곳곳에 산적'

자율주행 자동차 상용화에 따른 제반 문제점에 대응하는 과제 역시 곳곳에 산적하여 있다. '자율주행 자동차 상용화 촉진 및 지원에 관한 법률'(이하 '자율주행차법') 제정안이 2019년 4월 5일 국회 본회의를 통과하였다. 주요 내용들을 간략히 살펴보면 다음과 같다.

자율주행시스템 및 관련 인프라 등의 정의를 신설함으로써 향후 안전기준, 사고 책임 등 관련 제도 적용의 근거를 마련한다. 또한 도로시설과 자율주행협력시스템 등 인프라를 집중관리·투자하여 자율주행이 용이한 안전구간 상태를 유지하고 안전구간을 보다 확대하도록 한다. 이와 함께 자율주행차를 활용한 새로운 서비스·비즈니스모델의 개발과 사업화를 허용한다.

그러나 우리나라에서 자율주행 자동차가 성공적으로 도입 및 정착되기까지는 기술적인 발전과 더불어 적용될 법 정비와 안정된 사회적 인프라 구축이 필수적이다. 좀 더 세밀하게 자율주행 자동차 상용화가 초래할 문제점들을 각 분야별로 짚어보면 다음과 같다.

해킹과 자동화의 구조적 문제점

자동차가 하나의 큰 컴퓨터와 같다면, 가장 큰 위험인 해킹 문제를 빠뜨릴 수 없다. 자율주행 자동차는 차량과 도로 인프라를 이어주는 기술인 지능형 교통시스템(ITS)에 연결되어야 한다. 이는 차량의 위치 정보가 지속적으로 시스템에 접속되므로 사용자의 정보가 실시간으로 노출될 수밖에 없다.

이에 자율주행 자동차의 주행을 위하여 필요불가결한 정보의 수집과 제공 등에 관한 포괄적인 법적인 관련조항과 함께 개인정보 및 정보수집, 정보보안 관련 법률들이 자율주행 자동차 운용에 부합될 수 있도록 세밀한 규정 등이 재정비되어야 한다.

자율주행 자동차 관련 보험제도 개편

자동차 운행 과실의 주체가 사람인 운전자에서 자율주행 시스템 등으로 변경이 되면, 현행 자동차보험 제도의 전면적인 재검토가 필요하다. 현행 '자동차손해배상 보장법'은 자동차보유자에게만 책임보험을 강제하고 있으나, 실제 인공지능(AI)시스템이 운전하는 자율주행 자동차의 경우에는 형평의 원칙상 제조사 등에게도 책임보험을 강제할 필요성이 제기된다.

현행법에서는 자율주행 자동차의 제조업자에게 제조물책임법상 어떤 경우에 어느 범위까지 책임을 지게 할 것인지가 명확하지 않는데, 이와 관련하여 어떠한 경우까지 책임을 진다고, 제조업자가 지게 되는 책임의 범위를 명확히 규정할 필요가 있다.

보험업계 측에서는 운전자가 아닌 자율주행 자동차 제조업체가 배상 책임을 지게 될 가능성이 크다고 보아, 자동차 보험보다는 제조물배상책임보험을 통해 교통사고 관련 배상문제를 해결할 수 있을 것으로 추정한다. 따라서 개인 운전자 대신 차량 제조사가 보험에 가입하는 주체가 되면서 자동차 보험업계의 판도에 큰 변화가 예측된다.

30
Column

'사물인터넷, 로봇시대'
성큼 도래

— 정보통신기술(ICT)의 총아 '사물인터넷'

정보통신기술(ICT) 업계는 '혁신'이 최대의 화두이다. 혁신의 중심
에는 '사물인터넷(Internet of Things, IoT)'이 자리매김한다. 사물인터넷
이란 사물에 센서를 부착해 인터넷으로 실시간 정보를 주고받는 기술
또는 환경을 말한다. 사물인터넷은 사람과 사물이 모두 인터넷으로 연
결돼 사람과 사물, 사물과 사물이 상호 데이터를 송수신하여 정보를
수집하고 소통할 수 있는 차세대 디지털 기술의 총아이다.

인터넷이 연결된 스마트 전자기기는 매우 유용하고 편의성 있게
애용되지만, 사물인터넷은 이보다 한 걸음 진일보해 최종적으로는 사
람의 관여 없이 사물들끼리 정보를 주고받아 사람이 생활하기 편리한
최적의 환경을 스스로 구현한다. 사물인터넷에는 스마트 기능을 갖게
되는 블루투스(Bluetooth), 근거리무선 통신(NFC), 센서 데이터, 네트워

크가 핵심 기술로 활용된다. 이 기술은
산업에 새로운 성장엔진을, 개인에게는
지금껏 누릴 수 없었던 편리한 삶을 제
공할 것으로 기대된다.

미국 '포레스터 리서치(Forrester
Research)'는 향후 '사물인터넷'이 창출
할 산업 가치는 인터넷의 30배에 달할
것이며, 2020년에는 전 세계 네트워크
화 기기의 수가 500억 개에 연결될 것
으로 전망한다. 미국 IT업체 '시스코 시

스템즈(Cisco Systems)'는 차세대 산업을 이끌 핵심이자, 인터넷에 이어 제2차 디지털 혁명이라 할 수 있는 사물인터넷의 경제적 가치가 전 세계적으로 2013년부터 2022년까지 10년간 14조 4,000억 달러(한화 약 1경 6,000조 원)에 달할 것으로 예상한다.

— '기업과 소비자' 모두에 혁신의 물결

기업은 모든 화물과 운반대, 컨테이너에 센서와 송신기 혹은 전자태그를 부착시킨다. 이는 사물인터넷이 가장 폭넓게 활용되는 원격 모니터링 기술을 적용한 사례다. 전자태그를 부착시키면 공급망에 따라 이동할 때마다 위치 추적을 할 수 있다.

소비자 역시 물품의 배송상황을 실시간으로 확인할 수 있다. 공급망 경로가 길고 복잡한 사업을 운영하는 기업에게는 혁신적인 기술이다. 그리고 빠른 시일 안에 이러한 모니터링 시스템은 사람의 이동과 추적에도 활용될 전망이다.

일상에 소개되는 대표적인 예로는 스마트 홈과 스마트 가전을 이야기할 수 있다. 그동안 냉장고, 에어컨 등 일부 전기 가전제품에 적용

되던 사물인터넷 기술이 가구로도 확장되고 있다. 침대 '매트리스' 안에는 센서가 부착돼 있어 사용자의 호흡, 심박, 무호흡 증상 등 수면상태를 측정해 데이터화한다.

아침 알람시간이 되면 매트리스 상판이 자동으로 위로 구부러져 '강제 기상'을 시켜준다. '침실 조명을 켜줘', '매트리스를 높은 각도로 올려줘'와 같은 간단한 음성인식도 가능해져서 굳이 벽면에 있는 스위치를 사용할 필요가 없어졌다.

밤이 되어 침실의 밝은 조명 아래에서 침대에 누워 TV를 보다가 수면에 들게 되면, 침대 매트리스는 사용자의 수면상태를 감지하고 홈 사물인터넷에 연결되어 있는 조명을 소등하면서 동시에 TV의 전원을 끈다. 덧붙이면 사물인터넷에 연결된 세탁기는 스마트그리드(지능형 전력망)와 연계하여 전력효율이 가장 좋은 시간대를 이용하여 세탁을 해서 전기료를 절약한다.

— 세계는 로봇 연구·개발에 '활발한 투자'

로봇(Robot)은 인간에게 프로그래밍되어 일련의 여러 동작이나 운반 작업을 자동으로 연속 작업을 수행할 수 있는 기계이다. 또한 로봇공학(robot engineering)은 로봇에 관한 기술인 로봇의 설계·구조·제어·지능·운용 등에 대한 기술을 연구하는 공학(工學)의 한 분야이다.

로봇이란 용어는 체코슬로바키아의 소설가 차페크(Karel Capek)가 1921년 발간한 'RUR(Rossum's Universal Robots)'이라는 희곡에서 처음으로 사용되었다. 로봇의 어원은 체코어의 '노동' 혹은 '부역(賦役)'을 의미하는 단어 '로보타(robota)'로, 로봇의 역할은 인간의 노동을 대신

수행하는 데서 찾을 수 있다.

비용절감, 생산효율성, 위험 요인 제거를 위한 로봇 도입이 가파르게 급증하면서 가까운 미래에 자동차, 제조업, 의료, 농경, 서비스 금융 등 다양한 분야에 걸쳐 우리의 미래를 바꿔놓을 것으로 관측된다. 이뿐만이 아니라, 많은 전문가들은 특히 제조 산업에 4차 산업혁명, 즉 스마트 팩토리가 진행됨에 따라 산업용 로봇뿐만 아니라 전문서비스, 개인서비스 로봇 등 새로운 분야에서의 수요가 계속 증가할 것이라고 전망한다.

이에 세계 각국은 로봇 연구개발에 활발한 투자를 진행하고 있다. 미국은 제조업 부흥을 위한 '첨단 제조 파트너십' 일환으로 '국가 로봇 계획(NRI)'을 마련, 협동로봇 개발을 중점 지원하고 있다. 일본 역시 범정부 차원의 '로봇 신전략'을 추진하고 있고, 중국은 로봇산업발전 계획을 발표, 10대 핵심로봇 및 핵심 기업 육성에 나서고 있다. 유럽은 범국가적 로봇 연구프로그램인 'SPARC'를 추진하고 있고, 프랑스의 경우 서비스로봇 분야에서 2020년 5대 강국 진입을 목표로 하고 있다.

우리나라는 2008년 지능형 로봇 개발 및 보급 촉진법을 마련, 5년마다 기본계획을 수립하고 있다. 이에 한국의 로봇 시장의 규모는 다품종 소량 생산의 증가, 높은 인건비, 품질향상에 대한 높은 의지 등과 맞물려 향후에도 지속적으로 성장할 것으로 전망된다.

─ 이제는 물류혁명을 이끄는 로봇

2015년 기준 세계로봇 시장 규모는 제조용이 62%(111억 달러)로 가장 많다. 이어 전문서비스가 26%(46억 달러), 개인서비스가 12%(22억 달러)다. 전체 시장 규모는 179억 달러다. 성장률은 전문서비스가

14%로 가장 높고 제조용(9%)과 개인서비스(4%) 순이다.

특히 기업의 글로벌화가 진행되면서 물류비는 과거와 비교가 안될 정도로 급증했다. 이제 물류는 비용절감을 통해 기업의 성장을 견인하는 새로운 동력으로 발돋움하게 된다.

로봇은 제조라인의 고정된 위치에서 주어진 작업만을 수행하는 것이 일반적이었다. 즉 로봇은 반복적으로 진행되는 작업, 또는 위험한 작업에 국한하여 업무가 주어져왔다.

인공지능이 로봇에 이식되면서, 로봇은 스스로 환경변화를 감지하고 그에 적합한 행동을 할 수 있는 역량을 보유하게 된 것이다. 인공지능이 이식된 로봇은 스스로 판단하여 행동하는 소위 자율형(Autonomous) 로봇으로 발전했다. 그 결과 비정형 작업이 일상적으로 발생하는 물류현장에서 지능형 로봇의 적용이 활발해지면서 미래 물류산업 전반에 걸쳐 변화의 바람이 거셀 것으로 예상된다.

이에 4차 산업혁명 시대에는 인간과 로봇이 일방적 관계가 아닌 협업하는 사회가 될 것으로 전망된다. 따라서 로봇과의 공존사회에서는 로봇산업을 통한 새로운 일자리 창출과 로봇을 활용하는 산업 자체의 경쟁력이 바로 국가경쟁력과 직결될 것은 너무 자명하다.

그럼에도 창의력을 필요로 하는 업무는 로봇 활성화의 바로미터인 인공지능화가 어려울 것이라는 시각이 지배적이다. 맥킨지는 미국 내 800개 직업을 대상으로 업무활동의 자동화 가능성을 분석한 보고서에서 2,000개 업무 활동 중 45%가 인공지능화될 것으로 분석했다. 그리고 인간이 수행하는 업무 중 창의력을 요구하는 4%의 업무와 감정을 인지하는 29%의 업무는 인공지능화의 대상이 될 수 없다고 잠정 결론을 내렸다.

31

Column

———

'빅데이터'와 동일체 '보안전략'

― '빅데이터' 4차 산업혁명 핵심자원

오늘날 언제 어디서나 정보통신망에 접속할 수 있는 유비쿼터스 사회가 도래하면서 정보통신 분야에서의 화두는 단연 빅데이터(big data)이다. 빅데이터는 기존 데이터보다 너무 방대하여 기존의 방법이나 장비로 수집·저장·분석 등이 어려운 데이터들을 의미한다.

21세기 석유로 불리는 빅데이터는 인공지능(AI), 사물인터넷(IoT), 자율주행차 등 4차 산업혁명의 핵심 자원으로서 가치와 중요성이 매우 크다. 글로벌 시장조사업체 IDC에 따르면, 전 세계 빅데이터 시장 규모는 연평균 성장률 26.4% 수준으로 성장하여 2020년에는 2100억 달러(약 236조 원)로 커질 것으로 전망된다.

발빠르게 글로벌 기업들은 각종 문제 해결 및 이슈 대응뿐 아니라 미래전략과 수반되는 전략적 의사결정의 중요한 도구로 활용 중이

다. 생산데이터의 품질을 높이
고 투명하고 효율적인 정책 집
행은 물론 데이터공유와 협업을
통한 새로운 부의 창출에 기여
할 뿐 아니라 궁극적으로는 소
통과 신뢰에 바탕을 둔 지식기
반 사회로 진입하기 위한 출발

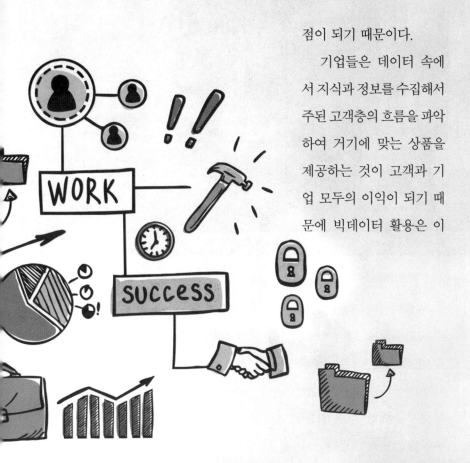

점이 되기 때문이다.

기업들은 데이터 속에서 지식과 정보를 수집해서 주된 고객층의 흐름을 파악하여 거기에 맞는 상품을 제공하는 것이 고객과 기업 모두의 이익이 되기 때문에 빅데이터 활용은 이제 기업 입장에서 선택이 아닌 필수조건으로 자리 매김하기 시작했다.

— '융합적' 인재양성 전략수립 총력

'빅데이터' 환경은 민간 기업의 경영활동뿐 아니라, 정부를 포함한 공공부문의 혁신을 수반하는 대변화를 의미한다. 빅데이터 혁명에 효과적으로 대응하기 위해서는 데이터의 생산, 유통, 소비 전 영역에서 패러다임의 혁신이 필요하다.

　빅데이터라는 분야는 컴퓨터 과학, 통계 및 데이터 마이닝, 경영 및 사회과학 등 다양한 분야의 융합적 지식이 필요한 분야이다. 디지털 경제의 확산으로 규모를 가늠할 수 없을 정도로 많은 정보와 데이터가 생산되는 '빅데이터(BIg Data)' 환경에서 미래 경쟁력의 우위를 좌우하는 중요한 '자원'인 빅데이터를 효과적으로 활용할 수 있는 전략 수립을 서둘러야 한다.

　빅데이터 환경에 대응하기 위한 실행전략으로는, 스마트 환경에 부합하는 미디어 데이터 생산 패러다임 전환, 부가가치 창출이 가능한 빅데이터 유통체계의 혁신, 데이터 생태계(data ecosystem) 선순환을 위한 인프라·제도의 정비를 들 수 있다.

　4차 산업혁명 시대에 맞는 우수인재 육성과 원활한 인력수급을 위해 교육계는 산업계의 시장수요에 맞는 수준별 맞춤형 인재양성 교육을 실시해야 한다. 과학기술정보통신부는 4차 산업혁명시대를 맞아 관련 보안 인재 4만 명을 양성한다는 방침이다. 2019년 3월 7일 과기정통부는 이 같은 내용을 담은 '2019년도 과기정통부 업무 추진계획'을 발표했다.

과학기술원을 중심으로 초학제·융합연구, 무학점제 등 유연한 교육과정을 도입하고, 이공계 교육혁신을 선도해나갈 '이공계 연구중심대학' 육성방안도 마련한다. 소프트웨어 핵심교원 2,600명을 양성하고 소프트웨어 교육 선도학교를 1,800개교로 확대하는 등 미래 세대를 위한 투자도 아끼지 않는다. 그뿐만 아니라 R&D 성과에 기반을 둔 창업 지원을 강화하고, 지역 강소특구 지정 및 연구소기업 확대 등 과학기술·ICT 분야의 고급 일자리 창출 유도에도 주 초점이 맞추어진다.

― 빅데이터의 안전자산 '보안전략'

전통적으로 보안가치는 '자산보호'를 제공하는 데 있었다. 외부의 사이버 공격 또는 내부 직원의 비밀정보 유출, 임직원의 실수 등 제반 요인으로부터 주요 정보자산을 보호하는 노력에 심혈을 기울였다.

그러나 이제는 기존 보안 전략의 판도가 급변하고 있다. 시설물 안전관리나 출입통제 등의 전통적 물리적 보안 영역은 지능형 카메라와 생체인식처럼 디지털화돼 사이버보안과 영역이 통합 추세이다. 따라서 정보통신기술(ICT)과 기존산업 간 융합으로 새롭게 등장하는 서비스와 제품에 대한 보안위협은 국민의 신체와 재산에 직접적으로 피해를 주고 사회적 혼란을 가중시킬 수 있는 가능성이 매우 크다.

한국인터넷진흥원(KISA)과 보안업계에 따르면, 인공지능(AI)·사물인터넷(IoT)·자율주행차 등 첨단 ICT 기술과 융합된 산업의 보안 위협이 증가하며 안전성 우려가 심각하게 증대되고 있다.

특히 제4차 산업혁명의 총아인 빅데이터의 문제점은 바로 사생활 침해와 보안 측면에 자리잡고 있다. 빅데이터는 수많은 개인들의 수많은 정보의 집합이다. 그렇기에 빅데이터를 수집·분석할 때에 개인들의 사적인 정보까지 수집하여 관리하는 빅브라더의 모습을 상상하는 것은 비현실적으로 간주될 수 없다.

결국 미래의 디지털 위협은 기존 위협보다 규모와 방법, 속도가 더욱 고도화될 것으로 예상되고 있어 이에 대한 선제적 대비가 매우 중요하다. 미래산업의 융합환경에서 보안이 가져야 할 가치는 조직 내부 지향적인 자산보호라는 가치에 더하여 보안이 보증된 제품의 서비스를 제공함으로써 새로운 디지털 비즈니스를 가능케 하는 외부 지향적인 새로운 가치를 창출할 필요가 있다.

이와 같은 두 가지 유형의 가치를 효과적으로 보호하기 위해서는 보안전략도 변해야 한다. 복잡한 미래 산업융합 환경에서는 보안위협이 다양화·고도화됨에 따라 이와 관련된 위험을 최소화하려는 예방 차원의 노력과 함께 보안사고 발생을 조기에 탐지하고 복구할 수 있는 역량 배가에 총력을 기울여야 한다.

— **민·관 보안사업 '대폭적 투자해야'**

사이버 위협에 대응하는 주목할 만한 차세대 보안 기술로는 대용량 민감 정보를 보호하고 활용할 수 있는 빅데이터 보안기술, 5G 기반

인프라 보안기술, 최신 위협 대응을 위한 AI 기반의 보안관제기술 등이 거론된다. 이밖에 양자 컴퓨팅 보안기술도 빼놓을 수 없다.

과기정통부와 국토교통부 등 관계부처가 함께 추진하는 스마트시티는 '융합보안'의 대표적인 분야로서 가정과 사무실, 교통, 치안 등 모든 일상생활의 안전을 위한 보안기술이 적용된다. 그럼에도 이렇게 중요한 융합보안은 기존 산업별 소관 부처가 다르고 인식의 차이로 인해 국내에서 일관된 정책 수립이 어려운 실정이다.

국내에서는 개인정보보호법 등 각종 규제로 발목이 잡혀 연구용 데이터 부족을 겪으며 기술 개발에 난항을 겪고 있다. 또한 보안산업은 국내 산업과 수출에서 차지하는 비중은 크지 않으나 '국가 보안'까지 영향을 미치는 특수한 분야로 해외에서는 자국 산업 보호와 안보 등을 이유로 정부기관 등 공공분야에서 특정 국가 제품을 배제하는 경향을 보이기도 한다.

정부는 세계 최초 5G 상용화를 계기로 5G 보안과 사물인터넷, 자율주행차 등 관련 산업의 정보보호기술 경쟁력을 2020년까지 글로벌 최고 수준으로 높이고, 5G 기반의 융합보안 신시장을 창출해 사이버 안전 확보와 정보보호 산업 발전을 이뤄내야 한다.

ICT 융합 환경에서 발생하는 다양한 유형의 사이버위협에 대한 사전탐지 및 대응역량을 강화하면서 특히 보안이 취약한 사물인터넷 기기에 대해 신속한 탐지·조치체계 구축에 한층 심혈을 쏟아야 한다.

32 Column

제4차 산업혁명과
'플랫폼 경제'

— '플랫폼 경제'(Platform)의 태동

우리는 지금 이 순간에도 '4차 산업혁명'의 소용돌이 속에 있으며, 다양한 영역에서 새로운 변화에 직면하고 있다. 4차 산업혁명은 기존의 산업혁명과는 달리 변화의 '속도(Velocity)', '범위와 깊이(Breadth and Depth)' 그리고 '시스템 충격(System Impact)'에서 엄청난 차이를 보인다.

이에 모든 전문가들은 한결같이 '제4차 산업혁명'은 가까운 미래에 우리의 삶을 급속도로 변화시킬 것이라고 말한다. 과학기술의 융합으로 인한 디지털 혁명이 생산체제의 변화뿐만이 아닌 정치, 경제, 사회, 문화의 전반에 걸쳐 유례없는 직접적인 패러다임 전환을 심히 강제하고 있는 것이다.

디지털 기술과 네트워크를 기반으로 각 경제 주체 간에 다양한 생산과 소비가 이루어지는 플랫폼 경제(Platform Economy)는 최근 전 세

계적으로 화두가 되고 있는 제4차 산업혁명과도 맞물려 있는 개념이다. 인공지능, 빅데이터, 사물인터넷 등 ICT 기술의 융합으로 이뤄지는 제4차 산업혁명은 제조업 중심의 전통산업의 파괴와 혁신을 초래하면서 플랫폼상에서 가치를 창출하고 경제활동을 영위하게 된다. 제4차 산업혁명을 주도할 주인공은 플랫폼을 구축하거나 활용하는 기업이 될 가능성이 농후하다는 얘기다.

플랫폼 경제의 주요 특징은 네트워크 경제에서 나타난 규모의 경제와 유형자산은 소유개발의 중요성이 상대적으로 낮아지며, 그 무게 중심이 하드웨어인 네트워크에서 소프트웨어인 플랫폼으로 이동하면서 속도의 경제, 무형자산 중심, 사용 중심 등으로 변화된다는 점이다

― 적은 비용 '부가적 비즈니스 창출'

온라인 거래는 디지털 세상에서 일어나는 모든 거래를 포괄하는데, 특징에 따라 세 가지로 구분된다. 첫째는 상품의 거래가 이루어지는 전자 상거래, 둘째는 남는 물건을 서로 공유하면서 거래가 발생하는 공유 경제, 그리고 마지막은 오프라인 상점의 제품을 온라인상에서 거래 중개를 하는 O2O 거래가 있다. 여기에는 각 분야별로 주도하는 플랫폼 업체가 있으며, 이를 중심으로 플랫폼 경제가 형성될 것이다.

플랫폼 기업들은 제품을 직접 만들지 않고 공급자와 수요자가 원활하게 상호 작용을 할 수 있는 기회를 만들어준다. 따라서 공급자나 수요자 어느 한쪽만 확보해선 매출을 발생시킬 수 없다. 또한 플랫폼을 기반으로 하는 경제는 일단 탄탄한 플랫폼이 구축되면 적은 비용으로도 손쉽게 부가적인 비즈니스를 창출할 수 있다. 참여자가 많아지

면 많아질수록 네트워크 효과가 발생하면서 가치 극대화로 이어진다.

'플랫폼 경제를 선도하게 되면, 기술과 규모, 서비스의 양과 질, 차별화와 경쟁우위, 시장 지배력과 표준규격으로서의 위치 등을 독점할 수 있다. 이런 조건들은 먼저 진입한 사업자와 후발주자의 격차를 갈수록 벌어지게 만든다. '플랫폼 경제'의 파괴력이 여기서 생겨난다.

역사상 유례가 없을 정도로 빠르게 성장하고 있는 구글, 애플, 페이스북, 아마존 등의 기업들은 하나같이 자기들만의 강력한 플랫폼을 만들어 효과적으로 활용하고 있다. 이들의 빠른 성장 배경에는 자기만의 강력한 '플랫폼'이 있기때문이다.

── 제4차 산업혁명의 견인차 '공유경제'

제4차 산업혁명의 견인차인 '공유경제'도 플랫폼 분야에서 장족의 발전을 거듭하고 있다. 앞으로 산업의 중심은 제조업에서 서비스업으로 전이될 것이기에 공유 모델에서 새로운 비즈니스를 찾아내는 업체가 플랫폼 경제에 있어 또 하나의 주축으로 높은 경쟁력을 확보하게 될 것이다.

공유경제의 개념은 2008년 하버드대학교 로런스 레식 교수가 처음 사용한 용어다. 기존에는 제품이나 서비스를 소유하는 것이 자연스러웠다. 그러나 소유에서 공유라는 새로운 인식이 생기면서 이를 서로 공유하는 활동을 공유경제라고 정의한다.

공유경제란 개념은 쉽게 말해 생산된 제품이나 자산을 다른 사람들과 공유해 사용하는 협업 소비를 기본으로 한 경제를 의미하는데, 자동차, 아파트, 책, 장난감 등 부동산이나 물건을 다른 사람들과 공유해

사용함으로써 유휴 자원의 활용을 극대화하는 경제 활동을 일컫는다.

4차 산업혁명시대에 새롭게 등장한 최근의 공유 경제는 온라인 플랫폼을 기반으로 전 세계를 대상으로 한다는 점에서 크게 다르다. 이는 소셜 미디어 네트워크를 통한 실시간 연결, 스마트폰을 통한 공급자와 수요자의 연결, 위치기반서비스(location based service), 무선 인터넷, 빅데이터 등이 종합적으로 맞물려서 일어난 변화다. '2025년 비즈니스모델(나가누마 히로유키)'에서는 '공유 경제권'의 확대로 스마트폰, 웨어러블 디바이스, 일용 잡화, 속옷 등 극히 일부 상품만 소유권을 갖고 나머지 대부분은 공유권이 되어 비용제로로 가는 새로운 경제 패러다임이 출현할 것을 예측했다.

이런 공유경제의 대표적인 모델이 바로 우버이다. 개인이 소유한 자산을 타인과 공유함으로써 자원을 효율적으로 활용하고 배분하는 수익모델을 가지고 있다. 우버는 누구나 쉽게 스마트폰 애플리케이션만 설치하면 승객과 운전기사를 자유롭게 연결해주는 플랫폼이다. 운수회사에 소속되어 전문적으로 일을 하는 운전기사와 달리 우버는 개인과 개인을 연결해 가치를 창출하는 서비스다.

— '창의성·의사소통·협력'이 핵심모델

제4차 산업혁명 시대에 접어들면서 기존 교육의 대변화가 활발하게 진행되고 있는 조짐이 곳곳에서 나타나고 있다. 전통적 학교에서의 수업 방식도 학습 공간의 공유가 활발히 일어나고, 체험 중심의 학습이 확대되며, 교육 시스템은 상호 연결되고 학문간 융합도 일어날 것이라고 예측되고 있다. 결국 학교는 정해진 학제와 학력인증의 역할에서 벗어나 학습공동체로의 역할로 확대될 것으로 전망된다.

학생들은 온라인 학교를 포함한 비전통적 환경에서 더 많은 시간을 보내고, 검정고시를 보는 학생 수가 증가하게 되며, 공교육과 관련이 없는 다양한 자격증이 나타나면서, 고교와 2년제 대학의 경계가 흐려짐은 물론 4년제보다 교육성과가 높은 2년제 대학도 늘어날 것이다.

제4차 산업혁명으로의 전환에 대비하기 위하여 국내에서도 미래의 산업구조, 인구구조 등의 변화를 반영한 미래 인재 양성을 위해 교육시스템과 교육과정 등에 대한 종합적인 검토가 이루어질 필요성이 제기되고 있는 것이다.

인문, 사회, 과학기술의 기초 소양 함양이나 문·이과 통합 교과 신설, SW 교육 필수화, 교육과정 운영의 자율성 확대, 전체적인 학습량 감소를 통한 심도 있는 학습 추진, 교과 내·교과 간 통합적 연계, 주입식 교육을 벗어나서 토의·협력, 탐구 학습의 강조, 과정 중심 평가로의 강조 등 교육 패러다임 대변화가 총론적 교육 방향의 골자이다.

비판적 사고와 문제해결능력 등에 있어 혁신적인 새로운 방법들을 상상하고 고안할 수 있는 창의성(Creativity), 의사소통(Communication) 협력(Collaboration)은 다른 사람들에게 지식을 전달하거나 함께 문제를 해결하는 과정에서 매우 주요한 역할을 한다.

알고 있는 지식을 타인에게 잘 설명하는 능력, 습득한 현상과 지식 및 정보를 분석하고 종합하는 능력, 기존의 기술이나 지식에 대한 비판적 사고력, 지식과 정보를 연결하여 새로운 상황에 적용하는 능력, 인류의 문화유산에 담긴 지혜를 이해하고 해석하는 능력, 미래 사회의 변화에 대응할 수 있는 자유로운 상상력과 창의력 등이 요망된다.

33
Column

———

21세기의 대화두
'평생교육(平生教育)'

─ 일생을 통한 '계속적 교육의 과정'

평생교육(life-long education)은 문자 그대로 '일생을 통한 교육'이라고 말할 수 있다. 이런 맥락에서 평생교육(平生教育)을 '생애교육'이라고도 한다. 일반적으로 교육을 말할 때 특정 대상이나 목적이 명시된다. 성인교육, 아동교육, 여성교육, 노인교육 등은 누구를 대상으로 하는지가 명확하다. 여기에서는 연령이나 심리적 성숙, 사회적 역할 등 발달단계의 특징과 그 특징이 교육과 어떤 관련성이 있는지를 탐구하는 데 관심을 갖는다.

평생교육이란 말 그대로 평생에 걸쳐서 행하여지는 교육을 의미하는 것으로, 연령과 사회의 구조적 틀의 한계를 벗어난 일생에 걸친 교육을 의미한다. 인간이 태어나서 죽는 순간까지의 모든 삶의 과정이 계속적인 교육의 과정이라 할 수 있다.

평생교육! 1965년 유네스코의 성인교육 발전을 위한 국제위원회에서 프랑스의 성인교육학자인 '렝그랑'이 최초로 제시했다. 렝그랑은 평생교육을 "개인이 태어나서 죽을 때까지 전 생애에 걸친 교육과 개인 및 사회 전체의 교육의 통합"으로 규정하며 "모든 국민에게 평생을 통해 자기 자신이 가진 다방면에 걸친 소질을 계속 발전시키고 사회의 발전에 충분히 참여할 수 있게 하는 교육"으로 설명하고 있다.

오늘날 평생교육의 중요성이 커지는 이유는 인간의 평균수명과 여가시간이 늘어나고, 삶의 질 향상에 대한 욕구가 점점 더 커지고 있기 때문이며, 과학기술의 진보와 산업직업구조의 변화 등으로 그 주요성이 강조되고 있기 때문이다.

학교교육은 폐쇄적인 성격으로 사회의 다양한 교육욕구와 수요를 충족시켜주지 못하지만 평생교육은 학교 교육을 대신해 이를 충족시켜 줄 수 있으며, 학습자에게 유연하게 학습을 제공할 수 있다. 평생교육의 의미를 간략하게 요약하면, 평생을 통한 교육으로 공식화된 학교 교육과 학교 외의 교육을 포두 포괄하는 전 생애에 관련된 교육으로 인생의 합리적 설계와 생애 개발을 위한 교육, 학교와 가정과 사회에서 이루어지는 모든 교육의 기회를 필요에 따라서 제공받을 수 있도록 하는 사회적 제도로 정리할 수 있다.

― '당위성' 지식기반경제로 신속한 이동

우리가 살고 있는 21세기는 변혁의 세기이다. 경제 체제는 토지·자본·노동에 기초한 자원 기반경제에서 지식이 생산과 성장의 기본이 되는 지식기반경제로 급속히 전환되고 있으며, 기술적으로는 아날

로그 체제에서 디지털 체제로 변하고 있다. 국제적으로는 단위 국가 체제에서 국경이 무의미한 세계화 체제로 전환하고 있다.

첫째, 지식과 기술의 폭발적인 증가와 노후화가 이루어지고 있다. 20세기 후반 이후 과학기술의 발전과 지식의 개발은 놀라운 속도로 진행되었다. 이러한 급속한 지식의 개발은 그만큼 지식의 노후화 속도를 가속시키고 있다. 이에 따라 현대사회에 적응해 나기가 위해서는 새롭게 형성되는 지식을 끊임없이 얻어야 한다.

둘째, 사회의 변화와 생활양식이 급변하고 있다. 통신수단과 교통수단, 의식주 형태, 가족의 구조, 인간관계, 직업의 종류와 구조 등이 변화하고, 전통적 가치관이 무너졌으며 이에 따른 갖가지 사회적 문제가 나타났다. 새로운 생활양식에 적응하고, 직업적 요구를 충족시키려면 개인과 집단은 계속 학습해야 한다.

셋째, 각종 문명의 이기가 등장하고 산업이 자동화됨에 따라 개인의 노동시간이 감소하고 여가시간이 늘어났다. 여가시간의 증대와 물질적·경제적 여유는 질적으로 향상된 삶에 대한 욕구로 이어지고 있다. 그리고 이러한 삶의 질을 향상시키고자 하는 욕구는 계속적인 학습과 교육에 대한 욕구로 이어지고 있다.

— 세대별 평생교육의 '주요 특성들'
학교는 개인의 지식이나 가치관 형성에 아주 부분적인 영향을 미칠

따름이다. 학교교육은 창의적이고
자유로운 인간형성에 실패하고 있
을 뿐만 아니라 그것을 저해하고
있다. 이와 같은 학교교육의 한계
와 역기능을 극복하기 위해서 학
교교육을 벗어나서 이루어지는 다
양한 교육 환경이 강조되고 있다.

평생교육의 형태는 매우 다양하다. 특히 사회가 분화 발전함에 따라 평생교육은 그 폭과 깊이를 꾸준히 넓혀 가는 경향이 있다. 교육 대상을 아동이나 청소년뿐만 아니라 유아는 물론 가정 주부, 직장인, 일반 시민 및 노인으로까지 확대 하였고, 교육기관 역시 매우 다양한 형태로 확장시켰다. 평생교육은 생애설계 관점에서도 그 필요성이 강조된다. 세대별 평생교육의 중요성은 다음과 같다.

현대과학기술의 발달은 보건의료부분의 비약적 발전으로 인간의 평균 수명을 연장하게 되었고, 이는 오늘날 대부분의 국가가 겪고 있는 노인 인구의 비율을 증가시키는 원인이 되었다

노년층 대상의 교육에 대한 수요가 증가하게 되었으며, 앞으로 우리 사회의 인구고령화가 가속됨에 따라 노후생활을 행복하게 보낼 수 있도록 준비하는 교육과 적응교육이 필요하다.

중장년층은 퇴직이 얼마 남지 않아 불안감이 커지는 세대이다. 퇴직 이후에는 일상생활뿐 아니라 삶의 모든 것이 변한다. 가족 및 사회적 관계, 재무, 건강 등 다양한 부분에서 변화가 나타난다. 퇴직으로 나타나는 변화를 받아들일 준비를 하면서 노후준비를 하는데 평생교육은 큰 도움이 될 것이다.

초등학교부터 대학까지 교육과정이 끝났다고 하여 배움의 과정이 끝난 것은 아니다. 청년층은 자신이 무엇에 더 관심 있고 좋아하는 지를 스스로 파악하여 배우는 것이 필요하며, 바로 이것이 평생교육이다.

— 교육의 기회평등 '실현 계기로'

오늘날 우리 사회는 제도적으로 교육의 기회평등을 보장하고 있지

만, 현실적으로 교육기회의 불평등 현상이 나타나고 있다. 예컨대, 불우계층과 소외계층에 속하는 청소년이나 성인들 중에는 형식적인 학교교육의 기회를 놓친 사람들이 많이 있다.

이들에게는 학교교육 밖에서도 교육의 기회가 주어져야 한다. 또한 현대와 같은 지식기반사회의 도래는 평생교육의 필요성을 더욱 높여주고 있다. 지식기반사회에서는 지식의 생명주기가 짧고, 지식의 힘이 바로 삶의 원천이 되기 때문이다.

평생교육이 더욱 활성화되기 위해서는 무엇보다도 가정교육, 학교교육, 사회교육이 보다 상호 유기적이고 효율적으로 운영되어야 한다. 이렇게 되면 평생교육 체제가 더욱 공고히 확립됨으로써 미래사회는 일정한 시간과 장소에서만 교육이 실천되는 것이 아니라 언제 어디서든 누구나 교육과 학습이 가능한 교육사회 체제와 학습사회 체제가 정착될 것이다.

20세기가 학교교육 시대라고 하면 21세기는 평생학습 시대가 될 것이다. 평생학습 시대에는 성인들을 위한 교육기관이 증가하는 동시에 학교와 대학들도 학생 이외에 주민과 일반 시민을 위한 교육 프로그램 제공을 확대하게 될 것이다. 우리나라의 교육제도 중 '평생 교육적 관점'에서 중요한 의미를 갖는 곳은 방송통신고등학교, 방송통신대학, 산업체부설특별학급, 개방대학 등과 같은 새로운 형식의 교육기관들이다.

평생교육이라는 취지로 실시되는 학점은행제가 있다. 사이버강의를 진행하는 대학들은 강의 내용을 공개하고 자체평가를 통해 장점을 최대한 살리는 데 심혈을 기울여야 한다.

34
Column

'국가·가정의 초석'
경제교육

— 금융·경제교육 '노후를 행복하게'

최근 세계 경제가 복잡화되고 이로 인해 개인이 경험하는 경제 및 금융 상황 역시 복잡화·다양화되면서 경제 및 금융교육의 중요성이 강조되고 있다. 하지만 우리나라의 경우는 어떠한가? 대학생이 되면서부터 대부분은 학자금 대출로 시작하는 빚의 인생을 시작한다. 운 좋게 취업을 해서 빚을 갚고, 결혼 적령기에 도달하면 다시 결혼자금 마련을 위해 빚으로 시작하는 경우가 너무 많다.

성인이 되어서도 금융이나 경제, 회계에 대한 이해도가 낮기 때문에 소득과 지출관리의 무계획성, 무분별한 신용카드 사용, 과도한 대출을 초래한다. 또한 투자에 대한 이해 부족, 사업에 대한 경험 미숙 등으로 소중한 시간과 자산낭비를 초래한다.

더욱이 우리 세대는 의학의 발달과 생활수준의 향상으로 평균 수

명이 길어졌다. 특히 고령화가 가속화되면서 학교교육을 마친 성인층에서 경제교육 필요성이 절실해졌다. 은퇴 후의 생활을 미리 준비해야 한다는, 즉 효과적인 노후준비를 통해 '어떻게 오래 살 것인가'라는 문제를 회피할 수 없게 되었기 때문이다.

특히 독거노인의 빈곤율은 76.6%로 OECD 평균 25%의 세배 이상이다. 하지만 국내총생산(GDP) 대비 노인복지지출 비중은 1.7%에 불과하다. 복지만 믿고 은퇴를 한다면 불행한 노후를 보낼 가능성이 큰 것이다. 그렇다면 스스로 안정된 노후를 준비해야 한다. 따라서 금융·경제교육은 노후에도 행복하게 살아가게 하는 삶의 지혜 그 자체다.

─ 경제교육 현주소 '빈약하기 그지없어'

우리나라 국민 대다수가 학교 밖에서 이뤄지는 경제교육의 필요성을 인식하고 있으며, 이를 해결하기 위해서는 경제교육 인프라 확대 등 체계적인 전략이 시급하다는 진단이 나왔다.

2015년 5월 14일, 한국개발연구원(KDI) 경제정보센터 '경제교육 관련 일반국민 여론조사'를 소개한다. 전국(제주도 제외) 만19세 이상 성인남녀 1,000명을 대상으로 '경제교육관련 일반국민 여론조사'를 실시한 결과 응답자의 96.9%가 학교 밖(사회) 경제 교육이 필요하다고 답했다. 경제여건과 상황이 계속 변화(55.9%)하고 중요한 경제적 의사결정이 많아졌기 때문(29.8%)에 교육이 필요하다는 것이다.

그럼에도 전체 응답자 중 72%는 학교 밖에서 경제교육을 받은 경험이 없는 것으로 나타났다. 이들은 '경제교육에 대한 정보가 없어서'(29.3%), '인근에 경제교육기관이 없어서'(23.3%) 등의 이유를 꼽았다. 경제교육이 필요한 시기는 초·중·고라는 응답이 48.4%로 가장 많았다. 하지만 대부분의 금융교육은 특강형식으로 진행되어 청소년기 경제교육 접근성은 여전히 낮고 경제교육의 사각지대인 취약계층에 대한 금융교육은 제대로 이루어지지 않고 있는 실정이다.

— 유아기 때부터 '실용적인 경제교육'

우리의 생활은 경제와 금융을 떠나서는 존재할 수 없다. 이에 자녀들에게 경제와 금융교육을 통해 자신의 미래를 꿈 꿀 수 있도록 하는 것이 부모로서의 가장 중요한 가정교육 중 하나이다. 그러나 우리나라 성인들의 금융 지식과 이해도가 다른 나라에 비해 비교적 낮다. 이러다 보니 자녀들에게 제대로 된 금융과 경제 교육을 수행하기 어렵다. 더구나 학교에서조차 금융 관련 내용은 적은 비중으로 다루는 만큼, 금융·경제교육은 거의 이루어지지 않고 있다고 봐도 무방하다.

대조적으로 미국의 부모들은 약 79% 이상이 자녀들의 금융교육에 많은 시간과 노력을 투자하는 반면 우리는 그 절반에도 훨씬 못 미치는 수치이다. 선진국들은 부모들이 앞장서서 자녀들이 어린 시절부터 금융, 경제에 대한 기초 교육을 통해 자본주의 시장에서 자녀의 경쟁력을 배가시키고 있다.

이제 한국의 부모들도 유아기 때부터 체계적이고 실용적인 금융·경제교육을 통해 자녀들의 자립심을 키워야 한다. 자칫하다가는 성인이 된 자녀를 한평생 책임져야 하는 안타까운 상황에 처할 수도 있다. 그럼에도 우리의 경우에는 입시 중심의 교육으로 인해 아이들의

금융, 경제교육에 대한 중요성을 인식하지 못하고 있다. 이제는 입시 위주의 국·영·수 교육에서 탈피 해 금융·경제 마인드를 통해 4차 산업이라는 불확실성의 시대를 헤쳐나갈 능력과 자립심을 키워주는 것이 매우 긴요해졌다. 우리 아이들이 성인이 된 후 경제적 풍요와 행복을 누리기 위해서는 실용적인 경제 교육이 반드시 선행되어야 한다.

경제교육은 학교에서의 교육도 중요하지만 가정에서 아이 때부터 부모들이 잘 도와주는 것이 필요하다. 용돈을 정기적으로 주면서 돈을 쓰는 요령을 익히게 한다든지, 은행을 본인 스스로 이용하게 여건을 조성해 주어서 은행과 친밀해지게 한다든지, 가정의 경제적인 문제를 아이들이 함께 관여할 수 있는 기회를 부여하여 현실감을 갖게 해야 한다.

─ 유대인의 '조기 경제교육' 시사점

경제 전문지 '포브스' 통계에 따르면 유대인들은 전 세계 억만 장자의 30%를 차지할 정도로 막강한 경제력을 자랑하고 있다. 구미 경제 전문가들은 이구동성으로 유대인들이 경제계에서 두각을 나타내고 세계적인 부자가 많은 것은 조기 경제교육 덕분이라고 지적한다.

유대인들은 돈을 쓰는 법에서부터 저축하는 법, 기부를 통해 사회에 도움이 되는 법까지 어린 시절부터 부모와의 대화와 토론을 통해 자연스럽게 경제를 익힌다. 이에 어릴 때부터 합리적 소비, 저축 습관 및 기타 경제 흐름을 채득하여 자연스럽게 스스로의 선택과 삶에 책임감을 갖게 된다.

유대인은 보통 13세 때 '바르 미쯔바(Bar Mitzvah)'라는 성인식을 치른다. 성인식 날 유대인은 부모와 하객들로부터 성경책, 손목시계, 축하금을 선물 받는다. 성경책은 앞으로 부모의 중간 역할 없이 신과 직접 독대해야 하는 존재, 즉 신 앞에 부끄럽지 않은 인간으로 살라는 뜻이고, 시계는 약속을 잘 지키고 시간을 소중히 아껴 쓰라는 의미를 담고 있다.

이때 친지들은 아이에게 우리나라 결혼식 때처럼 축하금을 준다. 이 축하금은 그 아이가 부모의 지도를 받아 예금, 수익증권, 채권, 주식 등에 투자한다. 이 과정에서 스스로 고민하고, 스스로 투자 의사 결정을 함으로써 자연스럽게 경제를 깨닫고 금융을 경험하게 된다.

— '똑똑한 소비자, 혁신적 생산자'

국가 차원에서 보더라도 체계적인 경제교육을 받은 국민은 경제 흐름을 원활히 하고 중요한 경제정책 과정에서 적극적으로 참여하고 합리적인 경제생활에 솔선함으로써 국가경제 발전에 도움을 준다. 이

와 같은 측면에서 초등학교에서의 경제교육은 더욱 활성화되어야 하며 이를 위해서는 경제교육 관련기관의 도움이 필요하다.

경제교육은 똑똑한 소비자, 혁신적인 생산자, 합리적인 경제인을 키우는 교육이다. 이것은 이론이 아니라 실행을 통해 습관화하도록 할 때 이루어질 수 있다. 습관화 교육을 위해서는 지속적이며, 체계적인 경제교육의 다양한 커리큘럼의 개발 및 보급이 필요하다.

많은 국민이 경제교육을 받지 못하고 있는 현실을 고려해 경제교육 관련 정보 제공과 경제교육 시설 등 인프라를 대폭 확대해야 한다. 소득·학력·나이별 맞춤형 콘텐츠를 제공해 효과를 배가할 수 있는 추진 전략이 필요하다.